LE BOUDDHISME :

PHILOSOPHIE OU RELIGION ?

© L'Harmattan, 2010
5-7, rue de l'Ecole polytechnique, 75005 Paris

http://www.librairieharmattan.com
diffusion.harmattan@wanadoo.fr
harmattan1@wanadoo.fr

ISBN : 978-2-296-12587-2
EAN : 9782296125872

Christophe RICHARD

LE BOUDDHISME :

PHILOSOPHIE OU RELIGION ?

L'Harmattan

Du même auteur :

BOUDDHA. De Siddhârtha Gaoutama à Châkyamouni Bouddha aux Editions Thélès, Paris, 2008.

Couverture : Justine RICHARD

A mes élèves et à mes étudiant(e)s

INTRODUCTION

QUAND LE BOUDDHISME PARAÎT

Il faut bien le reconnaître, l'intérêt pour le Bouddhisme ne date pas d'aujourd'hui. Déjà les Grecs[1], c'est-à-dire ceux-là mêmes qui ont ouvert et, en partie, constitué notre horizon à nous Occidentaux, étaient on ne peut plus intrigués par cette tradition spirituelle qu'est le Bouddhisme.

Depuis, la Voie initiée par Bouddha (VIe siècle avant notre ère) intrigue toujours autant. A ceci près qu'elle est désormais mieux connue des Occidentaux et est même devenue, chez nous, en France, un véritable phénomène de société[2].

A preuve, la quantité d'expositions, d'émissions de T.V. (comme « Sagesses bouddhistes », tous les dimanches matins

---

[1] En témoignent, par exemple, *Les Questions de Milinda*, texte dans lequel le roi grec Ménandre, de la seconde moitié du IIe siècle avant notre ère, interroge le moine bouddhiste Nâgasena. Cf. *Les Questions de Milinda. Milinda-panha*, trad. L. FINOT, Peymeinade, Ed. Dharma, 1983.

[2] Voir, à ce sujet, Frédéric LENOIR, *Le Bouddhisme en France*, Ed. Fayard, Paris, 1999 et *La rencontre du bouddhisme et de l'Occident*, Ed. Fayard, Paris, 1999.

sur France 2), de débats radiophoniques, de livres ou encore de films comme le *Little Bouddha* de Bertolucci (1993), le *Milarépa* de Liliana Cavani (1994), le *Sept ans au Tibet* de Jean-Jacques Anaud (1997), le *Kundun* de Scorsese (1998), le *Samsara* de Nalin Pan (2002), le *Milarépa, La Voie du Bonheur* de Neten Chokling (2009) ou *La légende de Bouddha* en dessin animé (produit en 2007 par Pentamedia graphics limited) ; à preuve, la foultitude de publicités mettant en scène des moines bouddhistes, que ce soit pour vendre des automobiles, du parfum, du fromage, des bombes anti-moustiques, du thé, des croquettes pour chien, un médicament contre le rhume ; à preuve, la multitude de manifestations publiques, comme le Festival Bouddhique Internationale (en juin de chaque année à la Pagode du bois de Vincennes), le Festival des Jeunes Bouddhistes d'Europe (en Allemagne) ou l'exécution de mandalas (comme à Montpellier en 1993, à la Villette en 1996 ou à Lille en 2008) ; à preuve encore, le nombre de monastères, conventicules et autres centres de méditation qui fleurissent un peu partout (il y a en France 20 pagodes laotiennes et cambodgiennes, 20 pagodes vietnamiennes, 80 associations concernant le Bouddhisme zen et 60 associations pour le Bouddhisme tibétain) ; la kyrielle de vedettes du show-biz et du spectacle qui, tels Jacques Dutronc, Yves Duteil ou Michel Jonasz se dit attirée par le Bouddhisme, sans compter toutes celles qu'on retrouve sur les plateaux de T.V. à chaque passage du Dalaï-Lama, les Florent Pagny, les Laurent Voulzy, les Françoise Hardy ; ou encore celles qui se proclament converties à l'instar d'Isabelle Adjani ou de Lio ; la légion d'hommes d'affaire, tels, par exemple, Fabien Ouaki, le directeur des magasins Tati (auteur avec Sa Sainteté le Dalaï-Lama de *La vie est à nous*, Albin Michel) ou l'industriel Gérard Godet (aujourd'hui devenu moine) pratiquant le Bouddhisme ; le cortège d'écrivains et de journalistes : Jean-Claude Carrière, Jacques Lanzmann, Gabriel Matzneff, Jacques Lacarrière ; de psychanalystes : Erich Fromm, Richard de Martino ; de professeurs de philosophie : Comte-Sponville, Roger Pol-Droit ; de scientifiques, comme le neurobiologiste Francisco

Varela (du C.N.R.S.) ou encore le professeur Chauchard, qui tous se penchent sur « l'Orient de la pensée »[3].

Sans doute n'est-ce pas hasard si on assiste à présent à une véritable « Bouddhamania »[4]. Crise économique, crise politique, crise du lien social, crise morale, intellectuelle et culturelle, crise des institutions religieuses y sont évidemment pour quelque chose. Sensibles au bonheur tranquille qui émane des Orientaux pratiquant le Bouddhisme, à leur message éthique qui est essentiellement de compassion, ainsi qu'au fait que cette démarche spirituelle rejoint bon nombre de thèmes forts de notre époque parmi lesquels on peut citer la tolérance, le respect d'autrui, la paix, le primat de la raison, une nette préférence pour le cheminement individuel plutôt que pour les normes collectives et une certaine compatibilité avec les sciences, quantité de nos contemporains se tournent vers le Bouddhisme.

La France, il faut le savoir, est le pays européen qui compte le plus de pratiquants bouddhistes. Ce qui finalement n'a rien d'exceptionnel. Songeons à l'arrivée massive, à partir des années 70, de réfugiés bouddhistes issus du sud-est asiatique ainsi qu'à la venue de grands maîtres tibétains (parmi les Bouddhistes français, 2/3 pratiquent le Bouddhisme tibétain et 1/3 le Bouddhisme Zen Japonais) ou encore japonais invités à séjourner ou à résider en France afin d'y transmettre les enseignements du Bouddha. Et c'est ainsi que, fort de ses 600 000 pratiquants asiatiques et de ses 200 000 pratiquants français de souche, le Bouddhisme est à cette heure devenu rien moins que la quatrième religion de notre pays (et la quatrième du monde avec 400 millions d'adeptes, après le Christianisme, l'Islam et l'Hindouisme).

Hier énigmatique et mystérieux, le Bouddhisme est en passe de nous être familier. Qui n'a d'ailleurs parmi ses proches ou dans ses relations une personne s'affirmant Bouddhiste ? Au

---

[3] L'expression est de A. Comte-Sponville. Cf. « Réinventer l'Orient » in *Une éducation philosophique*, Ed. Presses Universitaires de France, Coll. Prespectives critiques, Paris, 1990, II, Ch.1, pp.51-57.
[4] Cf. « La Bouddhamania » in *VSD*, 10 novembre 1993.

XVIIIᵉ siècle, Montesquieu ironique s'interrogeait : « Comment peut-on ne pas être Persan ? ». Aujourd'hui, on est en passe de se demander : « Comment peut-on ne pas être Bouddhiste ? ». Est-ce à dire pour autant que nous connaissons et comprenons mieux cette forme de Sagesse qu'avant ? Je ne le crois pas. Notamment et surtout, parce qu'on essaie de penser le Bouddhisme à partir de catégories typiquement occidentales, comme, par exemple, on va le voir, la catégorie de philosophie ou encore celle de religion, au point que l'enseignement du Bouddha finit par devenir presque méconnaissable, quand il ne sombre pas dans une sorte de Bouddhisme mâtiné de Christianisme, un Christiano-Bouddhisme en quelque sorte (on y parle alors de « foi », de « péché », de « prochain »… et même de « dieu » !), voire un Bouddhisme d'opérette, complètement dénaturé.

Non que le Bouddhisme soit une voie spirituelle uniquement réservée aux Asiatiques[5], qu'il faille s'acculturer et se transformer en Thaïlandais ou en Coréen – ce qui est impossible – pour devenir Bouddhiste. Seulement, si le message du Bouddha ainsi que les techniques méditatives mises au point par lui sont, à n'en point douter, universels encore faut-il, pour bien en saisir le sens, se mettre vraiment à leur écoute et laisser de côté, autant que faire se peut, les grilles de lecture auxquelles on est habitué afin de rester ouvert et réceptif à cette « nouvelle » vision du monde, de soi-même et des autres qui nous est proposée.

La difficulté est ici proche de celle à laquelle se trouve confronté tout traducteur consciencieux. Car enfin, faire passer une pensée d'une langue à une autre suppose que l'on maîtrise les deux langues en question, ce qui signifie que l'on soit à même de penser dans deux systèmes formels de signes différents. Un sanscritiste ne saurait, par exemple, se contenter

---

[5] Comme semblaient le croire E. Burnouf et C. Lassen. Cf., de ces auteurs, l'*Essai sur le Pali, ou Langue sacrée de la presqu'île au-delà du Gange*, Paris, Dondey-Dupré, 1826. Le texte en question est cité par R-P. DROIT, *op. cit.*, p. 87.

de traduire le vocable sanscrit « *deva* » (de « *div* » qui signifie « brillant ») par « dieu » et cela parce que la notion de divinité qui est la nôtre, notion fortement christianisée, n'a rien à voir avec la représentation que les Indiens se font du divin. Pareillement, un sanscritiste ne saurait rendre les termes « *sattva* » (« être ») ou « *samsârin* » (littéralement, « celui qui circule ») que l'on trouve dans les textes bouddhistes par « créature » vu que le mot même de « créature » appelle celui de « Créateur », ce qui n'a aucun sens dans le contexte bouddhiste.

Bref, si le traducteur veut faire mentir l'expression italienne « *Traduttore, tradittore* », « Traducteur, traître », force lui incombera de connaître les idées que véhicule sa langue ainsi que celle qu'il a charge de transposer. Or cela ne saurait avoir lieu que s'il est à même de se détacher du mode de penser et de la vision particulière qui sont inséparables du système de signes propres à sa communauté. Tout comme cela suppose qu'il soit, « absolument compétent, dit J. Derrida, dans au moins deux langues et deux cultures, deux mémoires culturelles avec les savoirs socio-historiques qui s'y incorporent »[6]. Tâche, avouons-le, quasiment impossible. Toutefois, si ces limites semblent, en effet, difficilement dépassables, se risquer à penser dans une autre langue que la sienne et essayer de livrer le contenu de cette pensée ne doivent pas moins rester un idéal pour tout traducteur digne de ce nom.

Mais, revenons au Bouddhisme. A dessein d'entrer en relation avec celui-ci, et malgré la gageure que cela peut représenter, nous partirons du lieu commun consistant à soutenir que le Bouddhisme est davantage une philosophie qu'une religion, lieu commun typiquement occidental, un bouddhiste n'ayant que faire de savoir si le Bouddhisme est plus une philosophie qu'une religion étant donné que cela ne change

---

[6] *Qu'est-ce qu'une traduction "relevante"* ? Conférence inaugurale donnée à Arles en 1998, lors des "Quinzièmes Assises de la Traduction Littéraire" in *Cahier de l'Herne, Jacques Derrida*, Ed. de l'Herne, Paris, 2004, p. 564.

strictement rien à sa pratique. A cela s'ajoute, que dans la plupart des langues d'Asie, il n'existe pas de termes équivalents à nos mots français de « philosophie » et de « religion ».

On pourrait se demander : pourquoi réintroduire ici les notions de « philosophie » et de « religion » alors même que nous venons de déclarer qu'à plaquer nos schémas de pensée sur le Bouddhisme nous finissons par défigurer celui-ci et par passer à côté de ce que qui en fait l'essentiel ?

Deux réponses à cela. D'abord, parce qu'il s'agit de montrer en quoi, précisément, nos concepts sont inopérants. Ensuite, parce que ce sera pour nous l'occasion de comprendre ce qu'est le Bouddhisme profond.

Voyons donc, sans plus attendre, ce que recouvre le concept de « philosophie ». Puis, celui de « religion ». Et, enfin, confrontons ces deux catégories au Bouddhisme à dessein de mettre en exergue toute l'originalité de celui-ci.

CHAPITRE I

QU'EST-CE QU'UNE PHILOSOPHIE ?

I/ « *Prendre les choses avec philosophie* »

Quel est le sens du signifiant « philosophie » ? A pareille question, il est au moins deux réponses possibles, parmi beaucoup d'autres[7].

La première que nous envisagerons remonte au XVIIe siècle, époque à laquelle le terme de « philosophie » fut utilisé, dans le langage familier, pour désigner « l'attitude réfléchie adoptée par chacun dans la conduite de sa vie »[8]. Partant de là, sera qualifié de « philosophe » quiconque saura garder son calme en toutes circonstances[9]. Ne dit-on pas, encore maintenant, qu'il faut « prendre les choses avec philosophie », c'est-à-dire adopter suffisamment de recul par rapport aux événements pour pouvoir les accepter tels qu'ils sont ? Qui voit la vie d'un œil philosophe

---

[7] Consulter, à ce sujet, l'article "philosophie" du *Dictionnaire historique de la langue française*, T. 2, Editions Le Robert, Paris, 1998, pp. 2706-2707.
[8] *Ibid.* p. 2706.
[9] *Ibid.*, p. 2707.

est donc celui qui, malgré les vicissitudes de l'existence, est à même de faire la part des choses et de ne point conférer trop d'importance à ce qui n'en a peut-être pas. Il s'agit donc d'une attitude qui permet de dédramatiser telle ou telle situation et, de ce fait, de s'en accommoder.

On retrouve cette idée, fort bien exprimée, dans « Hakuna Matata », la chanson du *Roi Lion* (film des studios Disney, 1994) :
« Hakuna Matata,
Mais quelle phrase magnifique !
Hakuna Matata,
Quel chant fantastique !
Ces mots signifient
Que tu vivras ta vie,
Sans aucun souci,
Philosophie. »

En un sens un peu plus large, sera appelé « philosophe » celui qui a un mode de vie sage, une manière de se comporter mesurée et qui fait montre, en toutes occasions, d'une attitude réfléchie.

Seulement, il s'agit là de l'usage devenu courant des termes « philosophie » et « philosophe ». Car si, pour la conscience commune, « être philosophe » équivaut à adopter un certain art de vivre et un certain mode de penser, en un sens plus technique, qui n'est autre que le sens originel, être non pas philosophe, mais un philosophe, désigne tout autre chose.

II/ *Quelle est l'étymologie du mot "philosophie" ?*

Le signifiant « philosophie » est tiré du grec *philosophia*, terme composé à partir du verbe *philein* qui veut dire « aimer » et de *sophia*, qui désigne la « sagesse ». Aussi peut-on définir, dans un premier temps, la *philosophia* comme étant l'« amour de la Sagesse » et le *philosophos*, le philosophe, comme l'« amant » ou l'« ami » de la « Sagesse ».

A en croire la tradition, ces deux termes auraient été forgés et prononcés pour la première fois au VIe siècle avant notre ère, par Pythagore (569-494 avant notre ère) lors d'un entretien avec Léon, le tyran de Sicyone ou de Philionte. Celui-ci admirant tout particulièrement le génie ainsi que l'éloquence de Pythagore, lui aurait demandé sur quel art il s'appuyait. « Sur la *philosophia* », lui aurait alors répondu ce dernier[10]. Or, en proférant ces paroles, Pythagore aurait eu soin de préciser que s'il était un philosophe, il n'était cependant pas un Sage. La nuance est aisée à saisir car si le philosophe désire ce dont il est privé, à savoir la Sagesse, il ne saurait être qualifié de « Sage ». Ainsi que le déclarera par la suite Platon, dans le *Banquet*[11], la philosophie n'est nullement possession de la Sagesse, mais amour de la Sagesse. Aussi le philosophe se situe-t-il à mi-chemin non seulement de l'ignorance et du savoir mais aussi de la passion et de la modération vu que le terme de « Sagesse » désignait, chez les Grecs, à la fois le savoir (Sagesse théorique) et la mesure (Sagesse pratique).

Conscient de son ignorance et de sa faiblesse[12], le philosophe est donc celui qui essaie, autant que faire se peut, de combler son manque, tout en sachant qu'il n'atteindra jamais son

---

[10] Cf. DIOGENE LAËRCE, *Vie, doctrines et sentences des philosophes illustres*, Trad. R. GRENAILLE, T.I, Ed. Flammarion, Coll. Garnier-Flammarion, Paris, 1965, Introduction, pp. 42-43. Diogène Laërce ne fait que citer, dans son ouvrage, le livre sur l'*Apnon* d'Héraclide du Pont, fragment 88. Cette citation sera maintes fois reprise. Voir,' par exemple, JAMBLIQUE, *Vie de Pythagore*, Trad. L. BRISSON et A. Ph. SEGONDS, Ed. Les Belles Lettres, Coll. La roue à livres, Paris, 1996, § 58, p. 32 et § 159, p. 89, PLUTARQUE, *Opinions des philosophes* in *Œuvres Morales*, T. 12, 2e partie, Trad. G. LACHENAUD, Ed. Les Belles Lettres, Paris, 1993, I, 3,8 ou encore CICERON, *Tusculanes*, in *Les Stoïciens*, T. 1, Trad. E. BREHIER, Ed. Gallimard, Coll. Tel, Paris, 1962, V, 3, § 8, pp. 363-364.
[11] Trad. P. VICAIRE, *Œuvres Complètes*, Tome IV, 2e Partie, Ed. Les Belles Lettres, Paris, 1989, 204 a-c.
[12] *Apologie de Socrate*, trad. E. CHAMBRY, Ed. Flammarion, Coll. Garnier-Flammarion, Paris, 1965, 21d.

but. Pourquoi cela ? Parce que personne, parmi les Grecs, n'ignore que seul un dieu peut être dit « Sage »[13].

Apprenti permanent, le philosophe n'est point, par conséquent, celui qui prétend détenir la Sagesse mais celui qui en est épris et tente de l'atteindre sans pour autant perdre de vue qu'il s'agit là d'une fin inaccessible. Lucide quant à la place qui lui revient, il sait qu'il ne pourra jamais égaler les dieux mais uniquement tendre asymptotiquement en direction de son idéal : la Sagesse théorique et pratique. C'est pourquoi, on peut dire que si elle n'est point Sagesse, pas plus du reste qu'elle ne serait qu'amour (*philia*), la philosophie est, somme toute, la rencontre des deux.

III/ *Comment définir la philosophie ?*

L'étymologie peut-elle nous aider à définir la philosophie ? Nous n'en sommes pas convaincus pour la bonne et simple raison que l'idée même de Sagesse[14], qu'il s'agisse de Sagesse théorique (le rationnel) ou pratique (le raisonnable) dont la philosophie est censée être l'amour, nous paraît des plus vagues car des plus changeantes. Un philosophe tel Pythagore a, on s'en doute, une vision de la Sagesse qui ne peut que différer radicalement de la vision qu'auront, par la suite, un saint Thomas d'Aquin, un Leibniz, un Hume ou un Husserl.

Il en va de même pour l'amour ou l'amitié ? Car enfin quel point commun y a-t-il entre l'amour ou l'amitié d'un Pythagore, d'un Empédocle, d'un Aristote, d'un Cicéron, d'un Montaigne ou d'un Blanchot ? Et qui plus est, qu'est-ce qu'un amour ou qu'une amitié en rapport non pas avec autrui mais avec un idéal ?

---

[13] Déjà Pythagore alléguait qu'aucun homme n'est sage. Cf. Diogène Laërce, *op. cit.*, p. 43. Platon, pour sa part, écrira qu'"(…) aucun dieu ne s'occupe à philosopher et ne désire devenir savant, car il l'est", *Banquet*, 204 a.

[14] Soulignons que le terme même de *sophia* était déjà polysémique en grec ancien.

Là où les choses se compliquent encore un peu plus quand on tente de définir le terme même de « philosophie », c'est lorsqu'on découvre, qu'en définitive, chaque philosophe a sa propre définition de la philosophie et qu'il n'est point de définition de la philosophie qui ne soit elle-même philosophique.

Toutefois, et parce qu'il faut bien avancer, proposerons-nous, avec tout ce qu'elle peut avoir d'imparfaite, la définition suivante :

> **Née de l'étonnement, la philosophie est problématisation du réel et création de concepts à dessein de saisir l'essence de la réalité qui est la nôtre.**

Voyons, à présent, cette définition point par point.

A) *Quelle est l'origine de la philosophie ?*

Pareille interrogation peut s'entendre de deux façons. Elle peut signifier, en effet, quelle est l'origine historique de la philosophie ? Quand, où et avec qui a-t-elle fait son apparition ? Mais, si la philosophie est l'exercice de la pensée à la recherche de la nature de telle ou telle réalité, elle peut, dans ces conditions, avoir pour signification : quelle est l'origine de cette pensée ? Quelle est la cause susceptible de provoquer l'exercice de la pensée ?

1) *Quelle est l'origine historique de la philosophie ?*
La philosophie est apparue en Ionie, sur la côte ouest de l'Asie Mineure, alors colonie grecque, au début du VIe siècle avant notre ère. Pour être précis, disons même qu'elle est née le 28 mai 585 avant notre ère, jour où se produisit une éclipse solaire qui, perçue comme un signe des dieux, interrompit une bataille opposant Les Mèdes aux Lydiens, la fameuse « bataille

de l'éclipse ». Or, quelque temps auparavant, Thalès de Milet (625-547 avant notre ère), l'un des premiers penseurs à s'être intéressé sérieusement à l'« astronomie » (à cette époque encore inexistante en tant que science à part), avait annoncé le phénomène en question aux Ioniens[15].

Pourtant, il était évident, pour tous les Grecs de l'époque, que le Soleil, fils du Titan Hypérion et de la Titanide Théia et frère de Séléné, la Lune et d'Eos, l'Aurore, était un dieu. Comme tout un chacun pouvait le constater, Hélios, chaque matin, montait sur son char doré, préparé par les Heures, et quittait son palais, précédé par Aurore aux doigts de rosée. Partant de l'Extrême-Orient, il prenait alors la direction de l'ouest et suivait invariablement la même trajectoire le long de la voûte céleste. Puis, le soir, parvenu à l'Extrême-Occident, il se reposait dans l'île des Bienheureux. Personne n'ignorait non plus, qu'Hélios était l'Oeil du monde qui voyait tout et que c'était lui qui tenait au courant les dieux de l'Olympe de tout ce qui se passait chez les humains[16]. C'est pourquoi, au demeurant, la coutume grecque voulait que les enterrements aient immanquablement lieu en pleine nuit à dessein de ne point souiller Hélios. Bien qu'étant eux-mêmes Immortels, les dieux grecs évitaient tout contact avec la mort de façon à ne point troubler leur félicité[17]. C'est pourquoi également, on évitait

---

[15] DIOGENE LAËRCE, *op. cit.*, Livre I, p. 51 et surtout HERODOTE, *L'Enquête*, Livres I à IV, trad. A. BARGUET, Ed. Gallimard, Coll. Folio/Classique, Paris, 1985, I, 74-75 et 170, II, 20 et 109 ainsi que PLUTARQUE, *Opinions des philosophes*, in *Œuvres Morales*, T. 12, 2ᵉ partie, Trad. G. LACHENAUD, Ed. Les Belles Lettres, Paris, 1993, II, 24.

[16] Cf. par exemple, HOMERE, *L'Odyssée*, Trad. M. DUFOUR et J. Raison, Ed. Flammarion, Coll. Garnier-Flammarion, Paris, 1965, VIII, 270-271, p. 118 et XI, 109, p. 162.

[17] Cf., par exemple, HOMERE, *L'Iliade*, Trad. E. LASSERRE, Ed. Flammarion, Coll. Garnier-Flammarion, Paris, 1965, XXIV, 90, p. 401 ou encore EURIPIDE, *Alkestis*, in *Théâtre complet*, Trad. H. BERGUIN et G. DUCLOS, T. 3, Ed. Flammarion, Coll. Garnier-Flammarion, Paris, 1966, v. 22, 109.

d'avoir des rapports sexuels en plein jour et de se prélasser au lit, sauf le lendemain de la nuit de noces.

Malgré tout ce savoir hérité du passé, mais aussi de poètes aussi prestigieux qu'Homère et Hésiode, Thalès osa énoncer que le Soleil n'avait, en fait, rien de divin et qu'une éclipse n'était qu'un phénomène physique. Plutôt que d'adhérer aux croyances collectives de son peuple, Thalès n'hésita pas, pour la première fois connue, à substituer au discours mythique un discours rationnel. La philosophie, en tant qu'exercice de la Raison, venait de faire son apparition.

Quoi qu'incrédule, Thalès ne sera pas inquiété, du moins pour ce que l'on en sait. En revanche, Anaxagore de Clazomènes sera, un siècle plus tard, accusé d'impiété et condamné à mort pour avoir soutenu que le Soleil n'était qu'une masse incandescente[18]. Apprenant la sanction qui était la sienne, il aurait répondu à ses juges : « Depuis longtemps déjà, la Nature m'avait condamné à mort »[19].

Le Sophiste Protagoras d'Abdère (485-420 avant notre ère) sera lui aussi accusé d'impiété et contraint de quitter Athènes pour avoir eu l'honnêteté d'avouer qu'il ne savait pas si les dieux existaient ou non. Diagoras de Mélos, un autre Sophiste surnommé « Diagoras l'Athée », devra, pour sa part, chercher refuge à Corinthe en 415 avant notre ère, pour avoir tourné en dérision les mystères d'Eleusis. Socrate, de son côté, se verra accuser de détourner les jeunes de la religion et, de ce fait, condamner à mort en 399 avant notre ère.

L'affrontement entre religion et philosophie ne faisait que commencer. Malgré cela, les philosophes qui poursuivirent dans la voie ouverte par Thalès n'en continuèrent pas moins de rejeter tout ce qui n'était pas fondé rationnellement.

Quelque temps après Thalès, se sépareront de la philosophie, auxquelles cette dernière aura servi de matrice, astronomie,

---

[18] DIOGENE LAËRCE, *op. cit.* T. I, L. II, p. 104.
[19] *Ibid.*, p. 106.

géométrie et mathématiques. Ultérieurement, d'autres sciences se détacheront d'elle et prendront leur autonomie[20].

2) *Quelle est l'origine de la pensée ?*
A remonter le courant de la philosophie, de B. Russell[21] jusqu'à Socrate[22], en passant par Aristote[23], Hegel[24], Schopenhauer[25] et Jaspers[26], on s'aperçoit que, malgré de nombreuses divergences, la plupart des philosophes tiennent l'étonnement pour source directe de leur activité[27].

Au sens étymologique, *adtonare, attonare*, « être étonné » en latin (ce qui donnera en latin populaire *extonare*), signifiait « être frappé par le tonnerre ». « Etre étonné » désignait donc, au départ, le fait d' « être ébranlé par un coup de tonnerre » puis, au sens figuré, « être étonné » renverra à l'état

---

[20] Au XVIe, ce sera la physique notamment avec les recherches de Galilée, au XVIIIe, la chimie avec les découvertes de Lavoisier, au XIXe la biologie avec Lamarck et Claude Bernard, au XXe les sciences dites "humaines", comme la psychologie et la sociologie.

[21] *Problèmes de philosophie*, Ed. Petite Bibliothèque Payot, Paris, 1980, Ch. 15, p. 182.

[22] PLATON, *Théétète* in *Œuvres complètes*, T. II, Trad. L. ROBIN, Ed. Gallimard, Coll. Bibliothèque de la Pléiade, N.R.F., Paris, 1964, 155 d, p. 103.

[23] *La Métaphysique*, Trad. J. TRICOT, T. 1, Ed. Vrin, Coll. Bibliothèque des textes philosophiques, Paris, 1981, A, 2, 983 a 13, p. 19.

[24] *Esthétique*, Trad. S. JANKELEVITCH, Ed. Flammarion, Coll. Champs, Paris, 1979, 2e partie, Ch. I, Intr., pp. 23-24.

[25] *Le Monde comme volonté et comme représentation*, trad. A. Burdeau, Ed. Presses Universitaires de France, Paris, 1978, Supplément au Livre Premier, Seconde partie, Ch. XVII, pp. 851-852 et Livre premier, § 15, pp. 120-122.

[26] *Introduction à la philosophie*, Trad. J. HERSCH, Ed. Plon, Coll. 10/18, Paris, 1974, Ch. II, pp. 15-18.

[27] Lire, à ce sujet, J. HERSCH, *L'étonnement philosophique. Une histoire de la philosophie*, Ed. Gallimard, Coll. Folio/Essais, Paris, 1993.

psychologique de celui qui est « frappé de stupeur », soit à un arrêt brusque face à une incompréhension.

Dans le français du XIe siècle, « être étonné » aura pour sens : « être étourdi par un coup violent ». Deux cents ans plus tard, « étonner » se dira pour « ébranler ». Puis, pour « épouvanter », « effrayer ». Au XVIIe siècle, le verbe signalera le fait de « causer de la surprise à quelqu'un »[28].

Dans son dictionnaire, Emile Littré a soin de préciser qu'on ne saurait confondre étonnement et surprise, nuance qu'il maniait fort bien, du moins à en croire l'histoire suivante que relate Philippe Meyer. Un jour que Littré lutinait sa bonne, « Mme Littré poussa la porte et s'écria : 'Ah, monsieur, je suis surprise !' Et le regretté Littré, se rajustant, lui répondit : 'Non, madame, vous êtes étonnée. C'est nous qui sommes surpris"[29]. Plus sérieusement, Littré note que "la surprise est plus faible que l'étonnement" car "être surpris, c'est voir ce à quoi on ne s'attendait pas; être étonné, c'est en recevoir un certain coup qui arrête et ébranle »[30].

Sans doute, conviendrait-il de distinguer également l'étonnement de la naïveté tout autant que de la stupéfaction. Là où il y a naïveté, il y a crédulité et « simplicité un peu niaise »[31]. Quant à la stupéfaction, elle n'est autre qu'un engourdissement (*stupor*, en latin) de l'esprit, pour ne pas dire une totale inertie mentale. A la différence de la stupéfaction, l'étonnement n'est que passager. Certes, il y a foudroiement et donc arrêt. Seulement, celui-ci ne dure jamais bien longtemps dans le sens où l'étonnement décille l'œil de l'esprit. Si, dans un premier temps, l'insolite fascine, il n'en suscite pas moins un effort de compréhension. Frappé de stupidité est le stupéfait, empli de clairvoyance est l'étonné.

---

[28] Cf. *Dictionnaire historique de la langue française*, T. 1, Editions Le Robert, Paris, 1998, pp. 1329-1330.
[29] P. MEYER, *Heureux Habitants de l'Aveyron et des autres départements français*, Ed. Du Seuil, Coll. Points, 1998, Paris.
[30] *Le Littré*, T. 7, Ed. Garnier, Paris, 2007, p. 526.
[31] *Dictionnaire historique de la langue française*, T. 2, p. 2338.

En grec ancien, s'étonner se disait *thaumazein*, *thauma* étant le « merveilleux », ce dont on ne sait pas rendre raison, d'où, en français, les mots « thaumaturge »[32] ou « thaumatrope », le « prodige tournant » de Fritton et Paris. Dans l'allégorie de la caverne, lorsque Platon met en place la géographie des lieux et évoque l'existence d'une route élevée et d'un petit mur longeant cette dernière, le tout situé entre les prisonniers de la grotte et un feu allumé au loin, c'est aux cloisons qu'utilisent les montreurs de marionnettes et au-dessus desquelles ils font voir leurs *thaumata*, leurs « prodiges », que l'auteur compare le mur en question, renvoyant par là même le *thaumazein*, le fait de s'étonner, à l'enfance[33]. L'enfant qui s'ouvre au monde et qui découvre tout ce qui l'entoure n'est-il pas émerveillé par le spectacle auquel sa conscience naissante assiste ? Tout n'est-il pas neuf pour lui et, de ce fait, ô combien attractif ? D'où probablement les multiples questions dont il ne cesse d'assaillir les adultes, bien embarrassés pour lui répondre[34].

Quiconque s'étonne retrouve, en quelque sorte, ses yeux d'enfant et, comme lui, « voit tout en nouveauté »[35]. Derechef, l'ordinaire lui paraît extra-ordinaire, le familier étrange, le quotidien nouveau. C'est comme si la conscience venait de renouer avec l'élan des premières fois, comme si, chaque instant, devenait, à nouveau, un commencement perpétuel. Habituellement, nous vivons et agissons dans le monde sans prendre le temps d'interroger celui-ci et de *nous* interroger. Tout

---

[32] Dans le *Nouveau Testament*, *thaumata* est utilisé pour désigner les « miracles ».
[33] Cf. *La République*, Trad. E. CHAMBRY, T. VII, Ed. Les Belles Lettres, Collection des Universités de France, Paris, 1989, VII, 514b, p. 144. Voir aussi ARISTOTE, *La Métaphysique*, Trad. J. TRICOT, T. I, Ed. Vrin, Coll. Bibliothèque des textes philosophiques, Paris, 1981, A, 2, 983 a 13-14, pp. 19-20.
[34] Cf., à ce sujet, K. JASPERS, *op. cit.*, Ch. I, pp. 7-9 et P. ARTEMENKO, *L'Etonnement chez l'enfant*, Ed. J. Vrin, Paris, 1977.
[35] L'expression est de C. BAUDELAIRE, *Le peintre de la vie moderne*, III, in *Œuvres complètes*, T. II, Ed. Gallimard, Coll. Bibliothèque de la Pléiade, N.R.F., Paris, 1976, p. 699.

nous paraît aller de soi, limpide, banal tant notre conscience est endormie. Pourtant, l'Homme est vraisemblablement le seul, parmi les vivants, à pouvoir s'étonner du monde dans lequel il séjourne momentanément. C'est pourquoi, on peut avancer, avec Heidegger, que, nonobstant le fait qu'il soit au même titre que n'importe quel vivant, l'Homme, lui, existe et est même le seul à exister[36]. Si bien que l'existence est une manière proprement humaine d'être et qu'être-au-monde n'est pas un trait fondamental de tout être en général mais ne concerne que l'Homme. Personne n'osera proclamer que les animaux ne font pas partie du monde. Toutefois, on ne saurait se risquer à prétendre que ceux-ci sont en rapport avec leur intra-mondanité. Ne faisant qu'un avec la nature et se laissant traverser par la vie, l'animal a, somme toute, pour monde, un monde sans monde. L'Homme, lui, est incontestablement dans le monde, mais il a la possibilité de s'en extraire ce qui lui permet de se rapporter au monde tout autant qu'à son propre être-au-monde. Or, cet être-au-monde a tout pour l'étonner. D'où le rappel de Schopenhauer : « Excepté l'homme, aucun être ne s'étonne de sa propre existence ; c'est pour tous une chose si naturelle, qu'ils ne la remarquent même pas (...). De cette réflexion et de cet étonnement naît le besoin métaphysique qui est propre à l'homme seul. L'homme est un animal métaphysique »[37].

a) *Quelle est l'origine de l'étonnement ?*

Comment se fait-il que l'Homme soit le seul vivant à même de (se) questionner, se demanderont certains. A cela, nous répondrons que s'il y a monde, c'est parce que nous avons une conscience psychologique. Et que s'il y a étonnement et questionnement, c'est parce que cette conscience psychologique est une conscience réflexive.

---

[36] M. HEIDEGGER, *Être et Temps*, trad. F. VEZIN, Ed. Gallimard, Coll. N.R.F., Bibliothèque de philosophie, Paris, 1986, Première Partie, Première section, Chapitre II, § 12, pp. 86-93.
[37] *Op. cit.*, Supplément au Livre Premier, Seconde partie, Ch. XVII, p. 851.

Premier point : C'est le surgissement de la conscience psychologique qui fait qu'un monde existe. « La conscience et le monde, rappelle Sartre, sont donnés d'un même coup : extérieur par essence à la conscience, le monde est, par essence, relatif à elle »[38]. Sans conscience, pas de monde. Or, avons-nous dit, les animaux n'ont pas de monde. Et, pourtant, quantité d'entre eux ont une conscience. N'y a-t-il pas là contradiction ? Pas vraiment, étant donné qu'il s'agit, dans leur cas, d'une conscience psychologique uniquement perceptive.

Manifestement, les tétrapodes (amphibiens, reptiles, oiseaux et mammifères) possèdent une conscience par laquelle ils sont reliés au monde qui les entoure, monde qu'ils se représentent sous forme d'images, d'odeurs et de sonorités. Outre les choses qui sont spatialement et temporellement situées hors d'eux, cette forme de conscience les met aussi en relation avec leur propre corps ainsi qu'avec leur monde intérieur. « La conscience, absolument parlant, enseigne Hegel, est la relation du Je à un objet, soit intérieur soit extérieur »[39]. Ce qui est bien le cas des animaux dont nous parlons, leur conscience étant relation avec des objets intérieurs et/ou extérieurs.

Grâce à cette conscience primaire, due à leur système nerveux, ces animaux ont un rapport interne à eux-mêmes et peuvent rassembler les informations perçues par les sens, et, ce faisant, s'orienter dans la nature selon leurs besoins. Toutefois, plus proche du réflexe que de la réflexion, la conscience perceptive ne permet absolument pas d'analyser et de comprendre les dites informations. Ne faisant qu'*uns* avec le milieu auquel ils sont intimement mêlés, les tétrapodes n'ont guère la possibilité de prendre de recul pour interroger ce avec quoi ils se confondent. Tout entier à la donnée sensorielle, ils sont totalement incapables de s'élever au-dessus de la réalité. Il

---

[38] J.-P. SARTRE, *Une idée fondamentale de la phénoménologie de Husserl : l'intentionnalité* in *Situations*, I, *Essai critique*, Ed. Gallimard, Coll. N.R.F., Paris, 1973, p. 30.
[39] *Propédeutique philosophique*, Trad. M. de GANDILLAC, Ed. Gonthier. Coll. Bibliothèque Médiations, Paris, 1969, Premier Cours, Introduction, § 2, p. 11.

est vrai qu'ils sont dotés d'une certaine sensibilité, parfois même bien plus performante que la nôtre[40]. Toutefois, on peut admettre, à propos de ces êtres vivants, qu'il *sont* leurs sensations et cela au principal motif qu'ils sont piégés par leur existence corporelle. Aussi ne *se* représentent-ils pas ce qu'ils sentent, tout comme ils ne sauraient avoir conscience qu'ils ont conscience.

En outre, la conscience perceptive de l'animal n'est qu'une conscience du présent. Il s'agit donc d'une conscience spontanée ou immédiate, dont l'horizon ne se limite finalement qu'à l'instant actuel. La raison en étant que les sens ne président qu'à l'appréhension immédiate de la réalité.

Par ailleurs, la conscience restreinte de l'animal fait que celui-ci, même s'il occupe un degré élevé dans l'échelle des vivants, en reste au simple sentiment de soi sans pouvoir accéder au stade du Moi[41]. Un soi pour soi-même est donc l'animal et non un Moi pour soi-même. Car si tel était le cas, il manifesterait obligatoirement son quant-à-Soi aux autres vivants[42]. A la différence des végétaux, l'animal, en tant qu'individu, c'est-à-dire en tant qu'être complet et unifié, a un certain sentiment de soi et peut jouir de son individualité, il se sent exister et être au monde, mais sa conscience limitée ne lui permet pas de s'affirmer comme Moi, et donc comme Sujet. Il ne sait donc pas qui il est, tout comme il ne sait pas ce qu'est le monde.

---

[40] Par exemple : l'acuité visuelle est souvent plus grande chez les oiseaux que chez l'Homme. Animal osmatique, le chien a une sensibilité olfactive très développée. Certains insectes, comme les abeilles, perçoivent l'ultra-violet, etc.

[41] Cf. G.W.F. HEGEL, *Précis de l'Encyclopédie des sciences philosophiques*, Trad. J. GIBELIN, Ed. Vrin, Coll. Bibliothèque des textes philosophiques, Paris, 1978, Troisième section de la Philosophie de la Nature, C, pp. 202 et ss.

[42] Cf. G.W.F. HEGEL, *Introduction à l'Esthétique, Le Beau*, Premier Volume, Trad. S. JANKELEVITCH, Ed. Flammarion. Coll. Champs, Paris, 1979, L'idée du Beau, Ch. I, V, p. 184.

Certes, le tétrapode n'est pas, telle une chose, rien pour son propre compte[43], mais à aucun moment, il ne s'entretient avec lui-même[44] et ne *se* pense. A aucun moment, il n'y a, chez lui, présence de soi à soi. A aucun moment, il ne se doute que sa vie a commencé hier et qu'elle s'éteindra demain. A aucun moment, il ne se sait animal : « L'homme, comme on le fait dire à Hegel, est un animal qui a conscience d'être un animal ; du fait qu'il a conscience d'être un animal, il cesse de l'être ». De fait, la conscience de Soi est ce qui sépare l'Homme de l'animal, tout comme elle le sépare d'ailleurs de sa propre animalité. De là vient que, toujours d'après Hegel, un homme ne puisse « pénétrer par l'imagination dans une nature de chien ou se la représenter, encore qu'il puisse avoir avec elle bien de la ressemblance ; elle lui demeure absolument étrangère ». Et le philosophe d'opposer à cette opacité de l'animal la transparence de l'esprit humain lui-même : « (...) le propre de l'esprit consiste, poursuit-il, (...) à se manifester à lui-même, l'esprit comprend et saisit l'esprit »[45].

Deuxième point : la conscience de l'Homme, elle, est une conscience réflexive. Absolument à part, au sein du règne animal, est l'Homme sous ce rapport. C'est qu'il détient une conscience perceptive, comme les tétrapodes, et une conscience réflexive (du verbe latin *re-flectere* : retourner, revenir en arrière, rétrograder). La réflexion en question est une notion empruntée à l'optique, le modèle de cette réflexion n'étant autre que l'image que *renvoie* le miroir. Or, dans le domaine

---

[43] « Est chose ce qui, pour son propre compte, n'est rien ». G. BATAILLE, *L'Erotisme*, Ed. Les Editions de Minuit, Coll. Arguments, Paris, 1957, Deuxième Partie, Etude I, p. 175.

[44] Ce qui est la définition même de la pensée pour Socrate, à savoir « un dialogue intérieur de l'âme avec elle-même ». Cf. *Théétète* in *Œuvres complètes*, T. II, Trad. L. ROBIN, Ed. Gallimard, Coll. Bibliothèque de la Pléiade, N.R.F., Paris, 1964, 190 a, p. 158 et *Le Sophiste*, 263 e, p. 330.

[45] *Leçons sur la philosophie de l'histoire*, Trad. J. GIBELIN, Ed. J. Vrin, Coll. Bibliothèque des Textes Philosophiques, Paris, 1979, Première Paris, Ch. III, p. 161.

psychologique qui nous intéresse plus particulièrement ici, la réflexion correspond à un retour sur soi de la conscience.

Cela signifie que la conscience humaine est, d'un côté, conscience immédiate de l'objet, d'un autre côté, conscience immédiate de soi-même, les deux étant liés. Quand nous percevons un écran d'ordinateur, par exemple, nous savons fort bien que nous sommes en train de le percevoir et que c'est nous qui le percevons. Du coup, la perception de cet écran nous renvoie à nous-même. Par où l'on constate qu'avoir conscience de quelque chose, ce n'est pas seulement y penser, c'est aussi savoir qu'on y pense et avoir conscience de soi, la conscience d'une chose étant immanquablement conscience de soi. Or « Posséder le Je dans sa représentation : ce pouvoir élève l'homme infiniment au-dessus de tous les autres êtres vivants sur terre » dira Kant[46].

Cette conscience de soi se trouve, par ailleurs, renforcée par cela seul que nous avons la possibilité d'analyser les contenus de nos propres pensées et de faire en sorte que notre esprit devienne dès lors un objet d'examen pour lui-même. Telle est l'incomparable originalité de la *psychè* humaine, à savoir le pouvoir qu'elle a de se rapporter réflexivement à elle-même et de s'auto-analyser.

Par là même, la conscience se dédouble en observateur, le "Je", et en observé, le « Moi ». Dans la situation de sujet connaissant et d'objet connu est, dans ces conditions, l'individu alors en relation à soi-même.

Cette forme de conscience, on ne peut plus particulière, cet être-pour-soi, ou encore cette subjectivité, fait que l'Homme *a* des sensations et que loin de se confondre avec celles-ci, il est à même de s'en distinguer tout comme il se distingue du monde qu'il sait indépendant de lui.

A cela s'ajoute que, grâce à sa conscience pensante, l'Homme n'est point, à la façon des animaux, « attaché au piquet

---

[46] *Anthropologie du point de vue pragmatique*, Trad. M. FOUCAULT, Ed. J. Vrin, Coll. Bibliothèque des Textes Philosophiques, Paris, 1994, Première Partie, Livre I, § 1, p. 17.

de l'instant »⁴⁷, mais peut se retourner sur son passé et se projeter vers l'avenir. Véritable pont jeté entre le « déjà plus » et le « pas encore », le révolu et l'attendu, la conscience nous met en état de rester en contact avec notre passé tout autant que d'anticiper l'avenir.

b) *Quelle est l'origine de la conscience réflexive ?*
A cette question, nous répondrons qu'elle est le fruit de notre adaptation au milieu et de l'évolution de notre espèce. Station verticale et bipédie (*Australopithecus*), libération et utilisation de la main (*Autralopithecus garhi* et *Homo habilis*), raccourcissement de la face et, par suite, réduction de la mâchoire ainsi que de la dentition, extension des lobes frontaux et accroissement du volume du cerveau, développement des organes phoniques (*Homo habilis*) sont autant d'étapes ayant favorisé la formation de la conscience psychologique humaine.

Si l'on se tourne maintenant en direction du sujet, on s'aperçoit que la naissance de la conscience réflexive n'est pas synchrone avec sa naissance physique. Ce que nous apprend effectivement la psychologie infantile, c'est que le sentiment d'être un sujet n'est nullement une donnée *a priori* mais est acquis progressivement par l'enfant.

Par « sujet », nous entendons un être vivant qui a le sentiment de son individualité, c'est-à-dire de son unité personnelle, de sa continuité dans le temps et de sa singularité. Pour pouvoir parler de « sujet », il faut donc qu'il y ait certitude et conscience rationnelle de soi. Contrairement à l'objet, (*objectum* = ce qui est posé devant soi), le sujet se sait pensant (réflexivité) et a directement accès à son propre monde intérieur.

En outre, il s'appréhende comme une identité singulière, « identité » vu qu'il a l'impression de rester le même malgré les

---

[47] La métaphore est de Nietzsche Cf. *De l'utilité et des inconvénients de l'histoire pour la vie* in *Considérations inactuelles*, Trad. P. RUSCH, Ed. Gallimard, Coll. Folio/Essais, Paris, 1990, II, 1, p. 95.

différents états qui le traversent et les modifications qu'il subit[48], « singulière » parce qu'il se sent distinct des autres et se perçoit comme unique.

Conscience de soi, permanence et singularité sont donc les trois principales caractéristiques du sujet. Or, ces trois caractéristiques, propres à l'Homme, ne sont pas présentes, en lui, dès l'origine[49]. En fait, ce n'est que progressivement que l'enfant va se construire comme sujet. Or, il vaut de distinguer ici l'individuation primaire de l'individuation secondaire.

Au départ, incapable de distinguer le moi du non-moi, le nouveau-né confond son corps avec le monde environnant. Sa vie est alors essentiellement physiologique et son activité purement réflexe (succion, bâillement, éternuement…). Seulement, peu à peu, le nourrisson va, grâce à l'exploration de son corps et aux interactions quotidiennes avec son entourage, distinguer son corps du monde extérieur. C'est l'individuation primaire. Graduellement, au fur et à mesure que ses gestes se complexifient, son organisme, siège des besoins fonctionnels, se transforme en corps avant de se particulariser et de devenir « son corps ».

Parvenu à l'âge de deux ans, l'enfant rentre dans le processus de l'individuation secondaire. Il va alors pouvoir reconnaître son image dans le miroir (stade du miroir), commencer à dire « non » et enfin parler de lui à la première personne. Signes que son Moi n'est plus désormais un Moi purement corporel et qu'il commence à avoir conscience de lui-même en tant que sujet.

Par la suite, avec l'acquisition du langage oral (entre un et trois ans), puis, écrit (à partir de six ans), suivie de l'apparition de la pensée logique (vers sept ans) et, enfin, abstraite (onze

---

[48] Au départ, *subjectus* désignait ce qui est as**suje**tti, soumis (« *sub* » marquant la position inférieure et « *jacare* » voulant dire « jeter »). Mais, le sujet, c'est aussi, vu l'étymologie, ce qui se tient au fond, et donc ce qui subsiste en moi sous les changements, la partie permanente de l'être.

[49] C'est l'une des raisons pour lesquelles les jeunes années ne laissent pas de trace dans la mémoire.

ans), l'enfant va voir sa conscience faire retour sur elle-même et se prendre pour objet d'étude.

c) *Quelle est l'ennemie de la pensée ?*
Hélas, malgré cette conscience extra-ordinaire et la possibilité qu'elle offre à l'Homme de s'étonner, nombreux sont ceux qui ne voient même plus l'étrangeté du monde et que plus rien n'étonne. Principale responsable : l'habitude[50]. A cause d'elle, tout semble revenir au même. Aussi nombreux sont ceux qui finissent totalement indifférents au monde qui est le leur. L'usuel est devenu, pour eux, le principal mode d'appréhension. Et c'est ainsi que, peu à peu, l'habitude en est arrivée à tarir toute forme d'étonnement chez la plupart.

Alors qui veut philosopher se doit d'oublier sa façon de voir coutumière. Une âme complètement habituée n'est-elle pas une âme morte[51] ? D'où l'intérêt d'opérer une sorte de contre-accoutumance en se faisant ignorant et en retrouvant son regard d'enfant. De banalité, il n'est point.

En un sens, convenons que la vie courante manque cruellement d'inédit, le surgissement d'événements marquants restant, la plupart du temps, dans la sphère de l'exceptionnel. « Rien de nouveau sous le soleil ! » ainsi qu'il est mentionné dans l'*Ecclésiaste*[52]. Et quand bien même semble-t-il y avoir nouveauté, très vite l'usure du temps fait que l'inattendu devient quelconque. Mais, c'est oublier ce que V. Jankélévitch appelait le « charme » des choses et des vivants, soit le fait de la pure existence singulière. Chaque chose, chaque vivant est une totalité unique qui jamais ne se répétera deux fois. De là, la valeur du monde, mais encore de tout ce qui y est présent. C'est le moment d'annoncer avec V. Jankélévitch qu' « Il n'est rien de si précieux que ce temps de notre vie, cette matinée

---

[50] Déjà pointée à sa façon par Parménide. Cf. J. BOLLACK, *Parménide. De l'Etant au Monde*, Ed. Verdier. Coll. Poche, Paris, 2006, Fragment 7, vers 5, p. 137.
[51] Cf. C. PEGUY, *Œuvres en prose, 1909-1914*, Ed. Gallimard, Coll. Bibliothèque de la Pléiade, N.R.F., Paris, 1959, p. 1399.
[52] 1-9.

infinitésimale, cette fine pointe imperceptible dans le firmament de l'éternité, ce minuscule printemps qui ne sera qu'une fois, et puis jamais plus. 'Le coq chante et le jour brille. Lève-toi, mon aimé, c'est l'heure.' C'est l'heure : Hora ! tout à l'heure, il sera trop tard, car cette heure-là ne dure qu'un instant. Le vent se lève, c'est maintenant ou jamais. Ne perdez pas votre chance unique dans toute l'éternité, ne manquez pas votre unique matinée de printemps »[53].

Une fois le quotidien reconnu en son irréductible spécificité, il faudra également abandonner nos idées reçues et mettre hors jeu tout ce que l'on avait, jusqu'à présent, pris pour d'indubitables évidences. *Exit* la *doxa*, l'« opinion », liée à la multiplicité changeante des apparences[54]. *Exit* les préjugés imposés par l'éducation[55]. *Exit* la connaissance par ouï-dire ou connaissance par expérience vague[56]. *Exit* les pré-notions, c'est-à-dire « les fausses évidences »[57]. *Exit* l'idéologie en tant qu'interprétation erronée du réel[58]. *Exit*, donc, tout ce qui nous empêche de penser par nous-mêmes. Force est de reconnaître que nous avons tendance, tous autant que nous sommes, à nous

---

[53] V. JANKELEVITCH, *Le Je-ne-sais-quoi et le Presque-rien*, Volume 1, *La manière et l'occasion*, Ed. du Seuil, Coll. Points Philosophie, Paris, 1980, Ch. 2, p. 147.

[54] La grotte de l'Allégorie de la Caverne de Platon symbolise, entre autre, la *doxa*. Cf. *La République*, VII, *op. cit.*

[55] Cf. DESCARTES, *Les Principes de la Philosophie* in *Œuvres et Lettres*, Ed. Gallimard, Coll. Bibliothèque de la Pléiade, N.R.F., Paris, 1970, article 71, pp. 606-607 et article 72, pp. 607-608.

[56] Cf. B. SPINOZA, *Traité de la réforme de l'entendement* in *Œuvres*, T. I, Trad. C. APPUHN, Ed. Flammarion, Coll. Garnier-Flammarion, Paris, 1964, §11, p. 186, § 15, pp. 186-187 et § 22, p. 188 et *Ethique* in *Œuvres*, T. III, Trad. C. APPUHN, Ed. Flammarion, Coll. Garnier-Flammarion, Paris, 1964, Troisième partie, Proposition, XL, Scolie II, p. 115.

[57] E. DURKHEIM, *Règles de la méthode sociologique*, Presses Universitaires de France, Coll. Quadrige, n° 2, Paris, 1981, Ch. II, § II, pp. 31-34.

[58] K. MARX et F. ENGELS, *L'Idéologie allemande*, Trad. R. CARTELLE, Editions sociales, Paris, 1962.

en tenir à la vision commune du monde. Nous croyons savoir, par exemple, ce que sont l'Homme, la religion, la liberté ou le temps. « Quand nous en parlons, nous comprenons sans doute ce que nous disons ; nous comprenons aussi si nous entendons un autre en parler ». Et pourtant, parodiant saint Augustin, nous pouvons affirmer que, si on nous demande de définir, de façon précise, l'Homme, la religion, la liberté ou le temps, nous en sommes totalement incapables[59]. Sans doute cela vient-il de ce que, la plupart du temps, « (…) on se contente de 'vivre' en faisant usage de son bon sens pour s'arranger dans la vie de la façon la plus avantageuse et pour 'avancer'. Mais aussitôt qu'on se met à réfléchir, la certitude courante de l'interprétation immédiate du monde disparaît. Si l'éclair de l'étonnement nous atteint, si la mystérieuse stupeur éclôt, pour laquelle tout ce qui est connu devient soudainement quelque chose d'inconnu et de problématique, lorsque la question philosophique se pose, l'homme en devient tout de suite non plus savant, mais au contraire plus ignorant, il est rejeté dans une ignorance qui le bouleverse et l'épouvante. Et le malaise de cette situation vient de ce qu'il lui faut considérer son savoir antérieur comme inconsistant et sans valeur, comme non-fondé et illusoire, il lui faut le considérer comme un non-savoir qui se donnait pour un savoir parce qu'il était aveuglé par un mirage », comme l'écrit avec bonheur E. Fink[60].

Le philosophe, lui, commence par s'étonner de ce qui n'étonne personne. Conscient de son ignorance, il remet en question ce qui pourtant paraît hors de question. Partant, son « savoir » antérieur lui semble désormais totalement inconsistant. C'est le fameux « Tout ce que je sais, c'est que je ne sais rien, tandis que les autres croient savoir ce qu'ils ne

---

[59] *Les Confessions*, Trad. J. TRABUCCO, Ed. Flammarion, Coll. Garnier-Flammarion, Paris, 1964, Livre XI, Ch. XIV, p. 264.
[60] *Le jeu comme symbole du monde*, Trad. H. HILDENBRAND et A. LINDENHERG, Ed. Les Editions de Minuit, Coll. Arguments, Paris, 1966, Ch. 1, § 2, p. 20.

savent pas » de ce savant-nescient qu'était Socrate[61]. C'est aussi l'« ignorance éclairée » dont parle saint Augustin à propos de dieu[62], la « Sainte ignorance » qu'évoqueront les Cisterciens et saint Bernard de Chartres, idée qui sera reprise, par la suite, par Nicolas de Cues[63], Jean Pic de la Mirandole[64] ou encore Giordano Bruno[65].

Si ignorance il y a, et il y a bien ignorance vu qu'« apercevoir une difficulté et s'étonner, comme l'enseigne Aristote, c'est reconnaître sa propre ignorance »[66], il s'agit là d'une ignorance savante à même de provoquer le goût de la recherche et l'envie de comprendre. « Ainsi donc, toujours de l'avis d'Aristote, ce fut bien pour échapper à l'ignorance que les premiers philosophes se livrèrent à la philosophie »[67].

On l'aura compris, la philosophie n'étant autre que « la capacité d'être au monde et de s'en étonner »[68], elle a pour expérience fondatrice le *thaumazô*, l'« être émerveillé », cette disposition proprement humaine où s'enracine toute pensée.

Toutefois, l'affect philosophique par excellence qu'est l'étonnement n'est qu'un moment de la pensée. Au nadir des

---

[61] Cf. PLATON, *Apologie de Socrate*, Trad. E. CHAMBRY, Ed. Flammarion, Coll. Garnier-Flammarion, Paris, 1965, 21c. Voir aussi *Théétète* in *Œuvres complètes*, T. II, Trad. L. ROBIN, Ed. Gallimard, Coll. Bibliothèque de la Pléiade, N.R.F., Paris, 1964, 150d-e, p. 95.
[62] *La Trinité* in *Œuvres complètes*, 15-16, Ed. Etudes augustiniennes, Paris, 2000.
[63] *De la Docte Ignorance*, Ed. Rivages, Coll. Bibliothèque rivages, Paris, 2008.
[64] *De la dignité de l'homme* in *Œuvres philosophiques*, Ed. Presses Universitaires de France, Coll. Epiméthée, Paris, 2004.
[65] *La Cabale du cheval pégaséen* in *Œuvres complètes*, T. VI, Ed. Les Belles Lettres, Paris, 1994.
[66] *La Métaphysique*, Trad. J. TRICOT, T. I, Ed. Vrin, Coll. Bibliothèque des textes philosophiques, Paris, 1981, A, 2, 982 b 17, p. 17.
[67] *Ibid*, 982 b 19-20, p. 17.
[68] B. RONFARD, *Eloge de l'étonnement*, Ed. Desclée de Brouwer, Coll. « Avec philosophie », Paris, 1998, p. 53.

religieux qui, bien souvent, se laissent fasciner par l'insolite, le philosophe fait de l'objet de son étonnement un problème. Source d'interrogation, l'étrange mobilise alors toute son intelligence pas uniquement pour comprendre mais d'abord et avant tout, du moins dans un premier temps, pour problématiser.

B) *Qu'est-ce qu'un problème philosophique ?*

1) *Problème philosophique et obstacle.*

S'étonner n'est pas encore problématiser. Un événement ou un phénomène inexplicable n'est nullement un problème en soi. Aussi faut-il faire surgir, en quelque sorte, le problème, ce qui est le propre de la philosophie en tant précisément qu'instance de problématisation. C'est dire, par conséquent, qu'un problème philosophique n'est jamais à portée de main et qu'il n'en existe point de pré-donné. Il y a d'ailleurs suffisamment d'individus qui en nient l'existence, pour en être convaincu ! En cela, le philosophe peut être regardé comme étant celui qui découvre des problèmes là où d'autres n'en voient aucun. Dans cette perspective, un problème est immanquablement l'oeuvre d'une intelligence qui pense. Là où il y a problème, il y a eu élaboration préalable, *problema*, en grec, désignant, à l'origine, « ce que l'on jette devant soi ». Ce qui signifie que c'est bel et bien parce qu'on le pose qu'il y a problème. « (...) poser le problème, signale Bergson, n'est pas simplement découvrir, c'est inventer. La découverte porte sur ce qui existe déjà, actuellement ou virtuellement ; elle était donc sûre de venir tôt ou tard. L'invention donne l'être à ce qui n'était pas, elle aurait pu ne venir jamais. Déjà en mathématiques, à plus forte raison en métaphysique, l'effort d'invention consiste le plus souvent à susciter le problème, à créer les termes en lesquels il se posera »[69].

---

[69] *La pensée et le mouvant, Essais et conférences*, Ed. Presses Universitaires de France, Coll. Bibliothèque de Philosophie Contemporaine, Paris, 1962, II, p. 52

Différent de l'obstacle qui nous barre la route ou de la difficulté à laquelle on se trouve involontairement confronté est donc le problème. Et parce que penser équivaut, du moins au début, à problématiser, on ne saurait considérer le problème comme l'échec de la pensée. Bien au contraire, problématiser étant l'une des tâches principales de la pensée.

Entendue comme lieu même de la pensée problématisante, la philosophie n'est autre que l'art de formuler correctement les problèmes tout autant que de récuser les faux problèmes.

2) *Problème philosophique et problème scientifique.*

Un problème scientifique apparaît généralement lorsqu'un savant se trouve placé face à ce que Gaston Bachelard nommait un « fait polémique »[70], comprenez un fait contredisant brutalement ce qui était jusque-là tenu pour vrai. Lorsque de nouveaux faits sont découverts, le scientifique a tendance à vouloir les intégrer au système d'interprétations dominant. Mais, il arrive parfois que les faits nouvellement découverts soient en contradiction totale avec ce système. Ce qui oblige le savant à repenser entièrement les théories jusque là admises. Par où l'on voit que le point de départ de la recherche scientifique n'est nullement le fait empirique considéré à part, mais le problème posé par le fait, la contradiction entre le fait et les conceptions théoriques antérieures.

En outre, il s'agit bel et bien de résoudre le problème généré par le fait polémique, d'en trouver la solution, fréquemment unique, susceptible de le clore une fois pour toutes.

Côté philosophie, il n'est point, à proprement parler, de faits polémiques et cela parce que la philosophie ne confronte pas des faits à des conceptions théoriques. Par ailleurs, il n'y a pas de solution unique et définitive aux problèmes philosophiques pour la bonne et simple raison que la philosophie est davantage une recherche qu'un résultat. Bien entendu, chaque philosophe tente de résoudre les problèmes qu'il a soulevés. Toutefois,

---

[70] *La Formation de l'esprit scientifique*, Ed. J. Vrin, Coll. Bibliothèque des textes philosophiques, Paris, 1967.

force est d'admettre qu'il n'y parvient que fort rarement. Mais, peu importe dans la mesure où si tel ou tel philosophe ne trouve pas les solutions relatives à ses problèmes, il a au moins eu le mérite d'établir correctement les dits problèmes, problèmes que d'autres, à sa suite, reprendront. Et puis, une interrogation ne nourrit-elle pas plus la pensée qu'une affirmation ? Et une réponse philosophique n'a-t-elle pas pour effet de ne point abolir la question initiale ?[71]

Il est patent qu'en philosophie, les solutions que l'on peut apporter aux problèmes énoncés viennent rarement mettre un terme au débat mais ont plutôt pour effet de l'éclairer. Chaque solution proposée est *une* solution possible parmi d'autres. Conséquemment, à aucun moment la philosophie n'a prétendu fournir des résultats apodictiques, c'est-à-dire à la fois évidents et nécessaires. Car elle sait qu'elle est davantage interrogation que résolution. Comme l'a fait ressortir K. Jaspers : « (…) l'essence de la philosophie, c'est la recherche de la vérité, non sa possession (…). Faire de la philosophie, c'est être en route ; les questions, en philosophie, sont plus essentielles que les réponses et chaque réponse devient une nouvelle question »[72].

3) *Problème philosophique et problème technique*

Un problème technique porte habituellement sur les moyens permettant d'atteindre et de réaliser un objectif bien défini souvent en rapport avec l'un de nos besoins qu'il soit naturel ou artificiel. Il concerne, de ce fait, la fabrication, la remise en état ou l'amélioration d'instruments divers chargés de résoudre ou de contourner, le problème en question.

Donc ni les obstacles, ni les problèmes scientifiques ou techniques ne sont, comme tels, des problèmes philosophiques. Autrement dit, il existe une autre catégorie de problèmes que

---

[71] C'est ce que montre, par exemple, Jean-Luc Marion à propos du questionnement de Descartes. Cf. *Sur la théologie blanche de Descartes, Analogie, création des vérités éternelles et fondement*, Ed. Presses Universitaires de France, Coll. Quadrige, n° 135, Paris, 1991, pp. 9-10.

[72] *Introduction à la philosophie, op. cit.*, p. 11.

nous qualifions, au moins depuis l'Antiquité grecque, de « philosophiques » et qui ne se réduisent nullement aux précédents. D'où l'intérêt de se tourner en direction de leur forme, puis de leur objet pour voir ce qui fait la spécificité de ces problèmes.

4) *Quelle est la forme d'un problème philosophique ?*

Pour ce qui est du type de formulation d'un problème philosophique, il est possible d'avancer qu'il s'agit toujours d'une interrogation rationnelle, car élaborée par la raison et du point de vue de la raison ; universelle, dans le sens où le problème posé dépasse largement mon individualité et enveloppe une solution universelle ce qui ne veut pas dire pour autant que cette solution sera acceptée par tous ; et enfin, d'une interrogation ouverte, attendu qu'il y a possibilité de réponses plurielles et non solution unique, comme on l'a vu précédemment. Les problèmes que soulèvent les philosophes sont, en général, des problèmes ouverts pour lesquels il y a possibilité de réponses plurielles. Par là s'explique le fait qu'il n'y ait pas vraiment, en philosophie, d'unanimité établissant un savoir définitif. Chaque philosophe, un peu comme chaque artiste, a finalement sa propre façon de problématiser et d'organiser conceptuellement ce qu'il est convenu d'appeler la « réalité ».

5) *Quel est l'objet d'un problème philosophique ?*

Au risque de dérouter, avouons que la philosophie n'a pas d'objet précis.

Non qu'elle ne s'intéresse à aucun objet particulier mais bien plutôt dans le sens où tout peut faire l'objet d'un étonnement et d'une problématisation philosophiques. Proféré différemment : l'objet de la philosophie n'est autre que l'ensemble du « réel ».

Que faut-il entendre par « réel » ? En bas latin *realis* (de *res* la « chose ») signifiait, au départ, « effectif », soit qui produit des effets et donc qui est. En français, l'adjectif « réel » désignera à la fin du XIVe siècle ce qui est effectivement, par opposition à ce qui est apparent. Il sera plus particulièrement utilisé par les théologiens pour qualifier la réelle présence du corps et du sang du Christ dans le pain et le vin lors de l'Eucharistie ou "Action de grâce". Tel est le mystère de la transsubstantiation, selon le terme forgé par saint Thomas d'Aquin[73]. Le Christ résidant de manière substantielle dans la matière eucharistique, du moins aux dires des Pères de l'Eglise[74], sa présence est donc bien *réelle*, sous les apparences du pain et du vin, ce que nieront les Protestants.

Par la suite, le mot « réel » passera dans le domaine de la philosophie où il se retrouvera substantivé.

Quant à « réalité », le terme date du milieu du XVIe siècle. Au XIIIe siècle, on employait, pour désigner l'ensemble de ce qui existe concrètement, le signifiant *reellité* puis, un siècle plus tard, celui de *realté*.

C'est donc la totalité du réel ou la réalité dans son ensemble que passe au crible la philosophie. Il s'agit, d'abord et avant tout, pour elle, d'en saisir l'essence. A ceci près que si le philosophe a pour tâche de penser le réel, il faut entendre ici le mot « réel » dans le sens le plus large qui soit, dans la mesure où non seulement le philosophe interroge ce qui existe en acte, mais également les idées et représentations qui, elles, existent en pensée. Ainsi le philosophe se penchera-t-il sur telle ou telle notion (la religion, la science…) ou bien encore sur telle ou telle valeur (la justice, le bien…).

C'est pourquoi, on peut déclarer qu'il existe, en définitive, deux modes de connaissance nettement séparés : celui du philosophe qui pousse sa connaissance jusqu'à l'essence même des choses et qui se fonde sur la réalité et celui du non-philosophe qui, incapable d'atteindre l'essence du réel s'appuie sur l'apparence.

---

[73] Les Pères de l'Eglise parlaient de « conversion ».
[74] Ce qui sera confirmé par le concile de Trente, 1550-1580, session 13, canon I.

6) *Quel est le problème philosophique par excellence ?*

A la fin de la *Critique de la Raison Pure*[75], Kant ramène l'ensemble des problèmes philosophiques à trois principaux : Que puis-je savoir ?, que dois-je faire ?, que m'est-il permis d'espérer ?

Le premier porte sur la connaissance en général et les limites éventuelles du pouvoir de notre esprit. Ce problème peut alors se décliner en sous-problèmes comme : Puis-je me connaître moi-même ?, puis-je connaître autrui ?, etc.

Le second a, lui, une signification morale et politique. Il s'agit de se demander ce qui rend possible un tri entre le permis et l'interdit et de déterminer le principe même de nos obligations.

Le dernier problème, enfin, synthétise, à sa manière, l'aspect théorique du premier et la portée pratique du deuxième. Il revient à rechercher si l'âme humaine est immortelle et s'il existe un dieu.

Or, dans un autre ouvrage[76], Kant ajoutait qu'en fait ces problèmes pouvaient se ramener finalement à un seul : Qu'est-ce que l'Homme ? Car tel est bien le problème philosophique par excellence. La preuve en est que tous les philosophes, depuis le « *Gnôthi seauton* », le « Connais-toi toi-même » socratique[77], ont repris ce problème et y ont répondu chacun à leur façon.

D'aucuns, à l'image d'Aristote, insisteront sur le fait que l'Homme est, d'abord et avant tout, un *zôon logikon*, un

---

[75] Trad. J. BARNI, Ed. Flammarion, Coll. Garnier-Flammarion, Paris, 1976, Méthodologie transcendantale, Ch. II, Deuxième section, pp. 602-611.

[76] *Logique*, Trad. L. GUILLERMIT, Ed. Vrin, Coll. Bibliothèque des textes philosophiques, Paris, 1965, p. 25.

[77] *Apologie de Socrate, op. cit.*, 21 b, p. 31, *Premier Alcibiade*, Trad. E. CHAMBRY, Ed. Flammarion, Coll. Garnier-Flammarion, Paris, 1967, 133 c-d, pp. 169, *Charmide*, Trad. E. CHAMBRY, Ed. Flammarion, Coll. Garnier-Flammarion, Paris, 1967, 165 a-b, p. 287. Sur la question « Qu'est-ce que l'Homme ? » chez Socrate, consulter le *Théétète, op. cit.*, 174 b, p. 132.

« animal doué de raison »[78] ou encore de parole sensée, de discours cohérent, certains animaux dits, à tort, « parlants » n'étant détenteurs que de la *phônê*, de la voix[79]. Rappelons qu'en grec le terme « *logos* » signifiait à la fois « raison » et « langage ». Certes, le langage oral ou écrit des hommes est, comme la communication animale, transmission d'informations, mais il s'agit d'une communication de nature intelligente et interactive, communication effectuée, non pas au moyen d'un code inné de signaux, mais à travers une langue faisant partie de l'héritage culturel[80].

« Animal raisonnable » et « être parlant », l'Homme est aussi, toujours dans l'avis d'Aristote, un *zôon politikon*, un « animal politique », c'est-à-dire au plus haut point social et collectif[81].

Fier de pareilles distinctions, l'Homme en arriva même à se croire d'essence divine. Citons les Stoïciens pour qui l'être humain a en lui une parcelle du feu divin[82] ou encore les philosophes chrétiens pour qui, l'homme seul « est fait à l'image de dieu »[83]. L'Eglise aura du reste tôt fait de soutenir que l'*humanitas* de l'Homme réside en son âme[84], une âme qui, quoique temporairement emprisonnée dans le corps, n'en est pas

---

[78] *La Politique*, Trad. J. TRICOT, Ed. J. Vrin, Coll. Bibliothèque des Textes Philosophiques, Paris, 1982, VII, 13, 1332 b 4-5, p. 522.
[79] *Ibid.*, I, 2, 1253a 7-18, p. 29.
[80] Cf. E. Benveniste, *Communication animale et langage humain* in *Problèmes de linguistique générale*, T. 1, Ed. Gallimard, Coll. Tel, Paris, 1966, II, Ch. V, pp. 56-62.
[81] Aristote, *Ibid.*
[82] Cf. CICERON, *Tusculanes*, in *Les Stoïciens*, T. 1, Trad. E. BREHIER, Ed. Gallimard, Coll. Tel, Paris, 1962, V, XIII, pp. 374-375.
[83] L'un des derniers en date sera certainement Hegel. Cf., à titre d'illustration, *Propédeutique philosophique*, Trad. M. de GANDILLAC, Ed. Gonthier. Coll. Bibliothèque Médiations, Paris, 1969, Premier cours, Troisième subdivision, § 79, p. 70.
[84] Cf., par exemple, l'Encyclique *Humani generis*.

moins de nature angélique et suffit à assurer à l'Homme sa supériorité sur l'animal. Et on se souviendra ici des problèmes posés, au XVIe siècle, par la découverte du Nouveau-Monde et de ses habitants. Ainsi vit-on la cour de Rome se demander avec anxiété s'il fallait ou non attribuer une âme à ces sortes de "chimpanzés sans queue" qu'étaient les Indiens. Car enfin, avait-on affaire à des créatures de dieu descendants d'Adam et Eve ou à des animaux sans âme ayant forme humaine[85] ? Chacun a également en mémoire le concile qui divisa à la même époque l'Église catholique à propos de la qualité de l'âme féminine !

Plus tard, un philosophe comme Locke[86] en viendra à se demander, à propos des monstres humains, quel est le point de monstruosité auquel il faut se fixer pour ne pas baptiser un enfant.

Pourvu d'une âme, l'Homme ne pouvait qu'être perçu comme un vivant fondamentalement libre, car sans cela, il n'aurait pu être déclaré responsable de ses actes. Ainsi des philosophes comme Descartes[87], firent-ils du franc ou libre-arbitre l'une des caractéristiques majeures de l'être humain. Tandis que la bête réagit par instincts et est guidée par ses réactions immédiates, l'Homme se détermine soi-même selon des motifs raisonnables. Aussi est-il choix de soi par soi, et ce, de son propre mouvement.

---

[85] Voir, par exemple, à ce sujet, J.-C. CARRIERE, La Controverse de Valladolid, Ed. Flammarion, Coll. Etonnants-Classiques, Paris, 2006.
[86] Cf. *Essai philosophique concernant l'entendement humain*, Trad. M. COSTE, Ed. J. Vrin, Coll. Bibliothèque des Textes Philosophiques, Paris, 1983, Livre III, Ch. VI, § 26, pp. 365-366.
[87] *Méditations, Objections et réponses* in *Œuvres et Lettres*, Ed. Gallimard, Coll. Bibliothèque de la Pléiade, N.R.F., Paris, 1970, Méditation quatrième, pp. 304-309.

De cette possibilité de mouvement, Rousseau[88] tirera que l'Homme est perfectible, qu'il lui est loisible de se transformer, de « s'améliorer » au gré des circonstances et de relayer la nature lorsqu'elle se montre défaillante grâce (ou à cause) au travail et aux techniques.

Et Bergson de proclamer que l'Homme fut d'abord *faber*, « fabricant » d'outils avant que d'être *sapiens*, « savant » et qu'il est essentiellement un « animal technique »[89].

Mais, l'humain est, aussi, le seul à enterrer ses morts, à leur donner un caractère sacré et à leur vouer un culte. Comme il est le seul à s'imposer des interdits[90]. Le seul également, à s'inventer des dieux, à croire en un Absolu, à se forger des arrière-mondes et autres méprises[91], à préférer le droit au fait, à rire[92], à jouer[93], à éprouver des émotions esthétiques, à mettre en scène ses désirs comme dans l'érotisme[94] ou dans la pratique journalière du repas[95], etc.

Ce qui est certain, c'est qu'à chaque fois l'Homme est immanquablement un animal plus quelque chose et ce parce

---

[88] Cf. *Discours sur l'origine et les fondements de l'inégalité parmi les hommes*, Ed. Gallimard, N.R.F., Coll. Idées, Paris, 1965, Première partie, p. 58 et p. 84.

[89] *L'Evolution créatrice*, Ed. Presses Universitaires de France, Coll. Bibliothèque de Philosophie Contemporaine, Paris, 1959, Ch. II, pp. 138-140.

[90] Cf. G. BATAILLE, *L'Erotisme*, Ed. Les Editions de Minuit, Coll. Arguments, Paris, 1957, Première Partie, pp. 33-162.

[91] Cf. F. NIETZSCHE, *Maximes et pointes* in *Le Crépuscule des Idoles ou Comment on philosophe au marteau*, Trad. H. ALBERT, Ed. Denoël/Gonthier, Coll. Bibliothèque Médiations, Paris, 1976, § 7, p. 10.

[92] Cf. F. RABELAIS, *Gargantua*, Ed. Gallimard, Coll. Folio/Classique, Paris, 2007, Préface.

[93] Du moins pour ce qui est de certains jeux spécifiquement humains. Cf. R. CAILLOIS, *Les jeux et les hommes*, Ed. Gallimard, Coll. Folio/Essais, n° 184, Paris, 1967.

[94] Cf. G. BATAILLE, *op. cit.*

[95] Cf. J.-A. BRILLAT-SAVARIN, *Physiologie du goût*, Ed. Flammarion, Coll. Champs, Paris, 1993.

qu'il est davantage qu'un simple bipède sans plume[96]. Aussi l'histoire de la philosophie n'est-elle jamais que l'histoire des formes essentielles à partir desquelles l'Homme s'est compris lui-même.

Rares sont sans doute ceux qui perçoivent l'intérêt de s'interroger sur ce qui nous identifie et nous distingue des animaux, la plupart ne voyant probablement pas ce qui fait ici problème. Qui ne connaît les signes distinctifs de l'Homme ? Qui ne sait ce qu'il y a de proprement humain en l'Homme ? Les témoignages de notre humanité ne sont-ils pas flagrants ? Et pourtant, combien prêtent, à je ne sais quel animal, intelligence, langage, outils, vie en société ? Par ailleurs, quand nous, Occidentaux, brandissons dans certains pays la Déclaration des droits de l'homme et du citoyen du 26 août 1789[97], n'est-il pas fréquent de nous entendre dire que l'Homme en question, celui de cette fameuse Déclaration, renvoie à *notre* définition de l'Homme ? Qu'il ne saurait y avoir, par exemple, d'égalité entre hommes et femmes, les femmes étant, par nature, inférieures aux hommes ?

Comment, dans ces conditions, considérer que la question d'une définition de l'essence générique de l'Homme ne se pose pas et que tenter de mettre en concept le spécifiquement humain de l'Homme est parfaitement inutile ?

« Chaque homme, écrivait Montaigne, porte la forme entière de l'humaine condition »[98] et se sait comme homme[99]. Certes, seulement, quelle est l'essence, la « quiddité », comme on disait au Moyen-Âge, c'est-à-dire le « *quid* », le « ce que » c'est de l'humain ?

---

[96] Cf. PLATON, *Le Politique* in *Œuvres complètes*, T. II, *op. cit.*, 266 e pp. 354-355.
[97] Voir surtout l'article premier in *Les Constitutions de la France depuis 1789*, Ed. Flammarion, Coll. Garnier-Flammarion, Paris, 1970, p. 33.
[98] *Les Essais de Michel de Montaigne*, Presses Universitaires de France, Paris, 1978, T. II, Livre III, Ch. II, p. 805.
[99] *Ibid.*, T. I, Livre II, Ch. II, pp. 345-346.

Tel est précisément le problème que tente de solutionner « celui qui passe sa vie à philosopher »[100]. Aussi l'interrogation « Qu'est-ce que l'Homme ? » peut-elle être déclarée la plus philosophique de toutes.

C) *Qu'est-ce qu'un concept ?*

Comme a pu le préciser Hegel « (…) la philosophie envisage toute chose à la lumière des concepts »[101]. Pour quelle raison ? Parce que connaître véritablement une réalité nécessite qu'on en saisisse le concept, censé en contenir l'essence.

Hélas, force est de constater que nous nous contentons souventefois de simples notions, soit d'idées vagues, plutôt que d'user de concepts. Bien que non-fondées rationnellement, ces notions nous donnent l'illusion d'appréhender le réel alors que nous ne faisons que nous accommoder d'une « connaissance intuitive »[102]. C'est ainsi, pour reprendre les exemples précédemment cités, que nous avons l'impression de savoir – tant que nous n'avons pas à les définir – ce que sont l'Homme, la religion, la liberté ou le temps. Pourtant, il s'agit là davantage de notions que de concepts. D'où l'intérêt, pour qui veut penser philosophiquement, de définir conceptuellement telle ou telle notion afin de passer d'une idée indéterminée « qui chante plus qu'elle ne parle », comme le proclamait excellemment P. Valéry[103], à une idée précise.

La réflexion philosophique ne saurait faire l'économie d'une construction intellectuelle visant à organiser et à problématiser

---

[100] PLATON, *Théétète, op. cit.,* 174 a, p. 132.
[101] *L'Idée du Beau* in *Introduction à l'Esthétique, Le Beau,* Premier Volume, Trad. S. JANKELEVITCH, Ed. Flammarion. Coll. Champs, Paris, 1979, Chapitre premier, I, p. 149.
[102] A. SCHOPENHAUER, *Le Monde comme volonté et comme représentation*, trad. A. Burdeau, Ed. Presses Universitaires de France, Paris, 1978, Livre premier, § 15, p. 121.
[103] A propos du mot « liberté ». Cf. *Regards sur le monde actuel* in *Œuvres*, T. 2, Ed. Gallimard, Coll. Bibliothèque de la Pléiade, N.R.F., Paris, 1960, p. 951.

le réel, aussi procède-t-elle par concepts. Comme chacun sait, l'Homme possède cinq sens grâce auxquels le monde lui parvient sous forme de sensations. Voir, entendre, toucher, sentir, goûter constituent les éléments de l'expérience sensible par laquelle nos organes sensoriels reçoivent des informations. Mais ce n'est pas tout, car si notre premier contact avec ce qui nous entoure et nous-même se fait par la sensation, encore faut-il que ces sensations soient classées et interprétées. C'est là, ce qu'à proprement parler, on appelle « percevoir ». La sensation, seule, n'est, somme toute, que l'état de conscience brute immédiatement consécutif à l'excitation d'un sens. Il ne s'agit donc que d'une simple réaction de tel ou tel organe sensoriel à une stimulation externe ou interne. La perception, en revanche, suppose un authentique travail intellectuel de classement et d'interprétation des informations sensorielles. Et c'est ainsi que voir dans la sensation devient regarder dans la perception ; toucher, palper ; entendre, écouter ; sentir, humer et goûter, déguster[104]. Tandis que la sensation est un phénomène affectif subi ne débouchant sur aucun genre de connaissance, la perception, pour sa part, nous fournit des représentations mentales, c'est-à-dire des « images mentales » des choses ou des êtres particuliers. Or, c'est à partir précisément de ces « images mentales » que l'esprit humain va constituer des concepts censés identifier et ordonner le perçu.

Etymologiquement, le mot « concept » vient du latin *cum capere*, « saisir ensemble ». Conceptualiser consiste donc, au sens strict, à ramener une multiplicité à l'unité. D'où la définition suivante que l'on doit à Hegel : « Le *concept* est la totalité des déterminations, rassemblées en leur simple unité »[105].

---

[104] Cf. L. DEVOS, *Zapping blues, percevoir*, Ed. Seuil, Coll. Philo, Paris, 1996.
[105] *Propédeutique philosophique*, Trad. M. de GANDILLAC, Ed. Gonthier. Coll. Bibliothèque Médiations, Paris, 1969, Troisième Cours, Deuxième subdivision, Deuxième section, I, § 54, p. 140.

Vu dans cette perspective, tout concept équivaut à une construction mentale abstraite et générale servant à désigner une classe d'objets ou d'êtres dont on néglige volontairement les aspects particuliers pour ne retenir que les propriétés communes. C'est ainsi, par exemple, que toutes les espèces de fleurs que nous avons pu observer se trouveront rangées sous le concept de « fleur », concept que l'on subdivisera lui-même en sous-classes : capucine, pois de senteur, souci, œillet d'Inde, etc.

Bien évidemment, un concept ne se confond pas avec le signifiant qui le désigne, un même concept pouvant fort bien être exprimé par des mots différents, comme, par exemple, « mortel » ou « être vivant ». Par ailleurs, un même terme peut renvoyer à des concepts différents. Par exemple, au sens strict, un légume, ou gousse, correspond au fruit apocarpé, sec et déhiscent, de certaines espèces de plantes. Alors que d'un point de vue culinaire, il s'agit de parties consommables de végétaux (graines, tiges, feuilles, fleurs, fruits…).

Forger un concept nécessite, on vient de l'évoquer, deux opérations : abstraire et généraliser.

Par abstraire, il faut entendre le fait d'isoler par la pensée les caractères particuliers d'un objet ou d'un être afin de n'en retenir que l'essentiel. En mettant de côté ce qu'ils ont de fortuit ou d'accidentel, on pénètre alors leur essence, du verbe latin *esse* qui signifie « être ». Si bien que le concept contient l'être de la réalité concernée et nous indique ce qu'il faut penser *essentiellement* de cette réalité.

Affirmer d'une chose ou d'un être qu'il existe revient à en reconnaître la présence effective. Mais, ce qui pose problème, n'est autre que de proférer *ce qu'est* cette chose ou cet être. C'est là tout le « travail » du philosophe : chercher la nature permanente et universelle de telle ou telle réalité, bref, ce qui la détermine en propre et non en apparence. C'est ainsi, par exemple, que Socrate passa sa vie à rechercher l'essence de la justice (Cf. *La République*), de la vertu (Cf. Le *Ménon*), de l'amour (Cf. *Le Banquet*), de la piété (Cf. l'*Euthyphron*), de la science (Cf. *Le Théétète*), du courage (*Le Lachès*), du devoir (*Le Criton*), de l'amitié (*Le Lysis*), etc.

Par où l'on voit que le philosophe n'est en rien comparable aux autres penseurs. Si Héraclite a certainement raison d'avancer que « Penser est commun à tous »[106], encore faudrait-il se demander s'il entendait par là que tous les Hommes pensent *en fait* ou bien *en droit*.

En fait, c'est indéniable. A ceci près que la majorité des « pensées » communes sont liées à des besoins et à des désirs purement pratiques alors que la pensée du philosophe porte, comme on l'a mentionné, sur l'essence du réel et se penche sur ce dernier pour lui-même. « En dehors de l'utilité, note B. Russell, qu'elle possède et qui consiste à nous ouvrir des perspectives insoupçonnées, la philosophie (…) libère ses fidèles des vues étroites et personnelles. La vie de l'individu est bornée par le cercle de ses intérêts personnels (…), mais le monde extérieur lui est indifférent, sauf dans la mesure où il peut favoriser ou gêner tout ce qui se trouve dans le cercle des désirs instinctifs »[107].

En droit aussi, il est certain que, tout Homme étant doué de Raison, pense. Mais, hélas seulement *en droit*. Pire, comme le déclarait G. Bachelard : « L'opinion (…) ne *pense* pas : elle *traduit* des besoins en connaissances. En désignant les objets par leur utilité, elle s'interdit de les connaître »[108].

Revenons, à présent, à la formation des concepts. En plus d'abstraire, il faut, pour bâtir un concept, généraliser. Généraliser équivaut à reconnaître entre les objets ou les êtres que l'on réunit sous tel ou tel concept les qualités par lesquelles ils se ressemblent. Un tel ensemble est ce que les logiciens appellent une « classe ». On obtient alors une idée générale s'appliquant à tous les objets de la classe formée.

A cela s'ajoute qu'un concept se signale à la fois par sa compréhension, soit l'ensemble des caractères qui le définissent

---

[106] *Fragments*, Trad. M. CONCHE, Ed. Presses Universitaires de France, Coll. Epiméthée, Paris, 1987, Fragment 6 (113), p. 55.
[107] *Problèmes de philosophie*, Ed. Petite Bibliothèque Payot, Paris, 1980, Ch. 15, p. 182.
[108] *La Formation de l'esprit scientifique*, Ed. J. Vrin, Coll. Bibliothèque des textes philosophiques, Paris, 1967, Ch. I, § 1, p. 14.

et par son extension, soit le nombre des individus auxquels il s'applique. Par exemple, la compréhension du concept de légume sera « fruit apocarpé, sec et déhiscent, de certaines espèces de plantes » tandis que son extension correspondra aux fruits qu'enveloppe cette définition (fèves, haricots, pois…).

Enfin, signalons que si moult concepts s'enracinent dans la perception, il en existe, toutefois, qui sont, du moins directement, sans référent sensible. Même s'ils s'inspirent de la réalité perçue – mais comment pourrait-il en être autrement ? – ces formations intellectuelles, quasiment pures, répondent alors à un problème théorique bien déterminé. Et c'est ainsi que les philosophes créent leurs propres concepts, à l'instar des artisans qui, autrefois, fabriquaient eux-mêmes leurs outils. Que l'on songe à l'Idée platonicienne, à la substance aristotélicienne, au *cogito* cartésien, à la monade leibnizienne, au noumène kantien, au *Geist* hégélien, à la durée bergsonienne, au *Dasein* heideggerien…

Mieux, déclareront G. Deleuze et F. Guattari, le philosophe est le seul à créer des concepts toujours nouveaux car lui seul en a et la puissance et la compétence[109]. « Les concepts, écrivent-ils, ne nous attendent pas tout faits, comme des corps célestes. Il n'y a pas de ciel pour les concepts. Ils doivent être inventés, fabriqués ou plutôt créés et ne seraient rien sans la signature de ceux qui la créent »[110]. Or telle est la tâche du philosophe et de la philosophie en tant qu'« art de former, d'inventer, de fabriquer des concepts »[111]. On l'aura compris, « ami du concept » est le philosophe, concept qu'il va utiliser dans ses jugements et dans ses raisonnements à dessein de résoudre tel ou tel problème précis.

---

[109] Le scientifique ne créée pas, à proprement parler, de concepts. Cf. *Qu'est-ce que la philosophie ?* Les Editions de Minuit, Coll. Reprise, n° 13, Paris, 1991, I, 1, pp. 27-29 et surtout II, 5, pp. 111-127.
[110] *Ibid.*, Introduction, p. 11.
[111] *Ibid.*, p. 8.

Laissons, une fois encore, la parole à Gilles Deleuze qui, lors de l'émission *Metropolis*, réalisée par Pierre-André Boutang[112], affirmait que « Faire de la philosophie, c'est constituer des problèmes qui ont un sens et créer les concepts qui nous font avancer dans la compréhension et la solution de ces problèmes »[113]. Pourquoi cela ? Parce que conceptualiser telle ou telle notion va permettre de résoudre tel ou tel problème.

D) *L'Idée platonicienne : un exemple de concept.*

Prenons le cas du concept d'Idée chez Platon. A en croire Aristote, « La doctrine des Idées fut, chez ses fondateurs, la conséquence des arguments d'Héraclite sur la vérité des choses, arguments qui les persuadèrent, et suivant lesquels toutes les choses sensibles sont dans un flux perpétuel, de sorte que s'il y a science et connaissance de quelque chose, il doit exister certaines autres réalités en dehors des natures sensibles, des réalités stables, car il n'y a pas de science de ce qui est en perpétuel écoulement »[114].

Rien n'est plus connu, au sein de la pensée héraclitéenne, que le célèbre *panta rheï*, « tout coule » ou *panta kineitaï*, « tout se meut »[115]. Ainsi Platon, relate-t-il dans le *Cratyle*[116],

---

[112] Diffusée sur Arte en 1996.
[113] *Abécédaire*, H comme histoire de la philosophie.
[114] *La Métaphysique*, Trad. J. TRICOT, T. II, Ed. Vrin, Coll. Bibliothèque des textes philosophiques, Paris, 1981, M, 4, 1078 b 12-16, p. 733.
[115] Cf., à ce sujet, PLATON, *Cratyle*, Trad. E. CHAMBRY, Ed. Flammarion, Coll. Garnier-Flammarion, Paris, 1967, 440c, pp. 472-473, *Théétète* in *Œuvres complètes*, T. II, Trad. L. ROBIN, Ed. Gallimard, Coll. Bibliothèque de la Pléiade, N.R.F., Paris, 1964, 160d, p. 111 et ARISTOTE, *Traité du Ciel*, Trad. J. TRICOT, Ed. J. Vrin, Coll. Bibliothèques des Textes Philosophiques, Paris, 1986, III, 1, 298b30, p. 120 ainsi que *Physique*, Trad. H. CARTERON, T. 2, Ed. Les Belles Lettres, Collection des Universités de France, Paris, 1983, VIII, 3, 253b10.
[116] *Op. cit.*, 402a, p. 419.

qu' « Héraclite dit quelque part que tout passe et que rien ne demeure, et comparant les choses à un courant d'eau, qu'on ne saurait entrer deux fois dans le même fleuve ». La leçon est claire : éternelle est la non-éternité, permanente l'impermanence. Qui dit réalité, dit donc mouvement constant.

Les Sophistes s'en souviendront, notamment Protagoras[117], qui exclura, au nom du mobilisme universel, toute possibilité de connaissance attendu que l'objet à connaître, aussi bien que le sujet connaissant, subissent une transformation perpétuelle. Si tout change, à savoir, par conséquent, celui qui cherche à connaître et ce qu'il cherche à connaître, alors il n'y a pas de connaissance possible puisque rien ne saurait être déterminé de façon précise. Même chose en ce qui concerne les jugements moraux puisque s'il n'est point de vérité, alors tous les jugements se valent et se perdent dans le relativisme. Souvenons-nous de la formule célèbre par laquelle débutait le maître-ouvrage de Protagoras : « L'homme est mesure de toutes choses »[118]. En bon élève d'Héraclite, Protagoras aurait donc déclaré que, le monde étant en perpétuel devenir, c'est nous qui, en dernier ressort, sommes juges des choses qui sont et de celles qui ne sont pas[119]. Autant dire que tel le réel nous paraît, tel il est pour nous[120]. Ce qui entraîne que rien n'existe à l'exception de ce que chacun perçoit et qu'on ne peut, du coup, parler d'Être en soi. C'en est fini de la Vérité mais aussi de la morale. Tel est le problème auquel fut confronté Platon, un Platon qui se refusait à admettre l'inexistence de Vérités fermes et définitives susceptibles de s'imposer à tous les esprits.

Contre Protagoras qui affirmait qu'il n'y a qu'opinions subjectives, Platon va alors soutenir l'universalité et l'intemporalité d'un savoir véritable. Héraclite avait, en un sens raison, tout en ce bas-monde est en mouvement. Et Protagoras

---

[117] Cf. *Cratyle, op. cit.*, 386a p. 394 et *Théétète, op. cit.*, 160 d, p. 111.
[118] *La Vérité*, Fragment B, 1.
[119] Cf. *Théétète, op. cit.*, 160 c, p. 110.
[120] Cf. *Cratyle, op. cit.*, 386 a, p. 394.

aussi dans la mesure où, effectivement, on ne peut connaître que ce qui *est* vraiment, soit ce qui est constant. Car enfin comment connaître ce qui ne garde pas son identité et qui, à chaque instant, devient autre et différent ? Comment pourrait-il y avoir un savoir stable – et un discours stable – à propos de ce qui sans cesse subit mutation[121] ? Hormis un insensé qui pourrait déclarer que connaissances et discours sont tout à fait possibles alors que tout se meut sans cesse ? Certainement pas Platon. Seulement, ce qu'ont oublié Héraclite et ses descendants, c'est que si ce qui se corrompt en permanence ne peut qu'être objet d'opinion car accompagné de sensations irraisonnées, ce qui, en revanche, ne change pas, c'est-à-dire *est* toujours sans jamais devenir, est saisissable par l'intellect et peut faire l'objet d'une explication rationnelle[122]. Or de l'Être, il y a bien et cela parce que tout ce qui existe a quelque chose de permanent dans son essence. Quelle est cette chose ? Sa Forme ou son Idée (*eidos*, en grec ancien, désignait au départ le contour d'un objet). A chaque chose du monde visible (en grec, *horaton*)[123] ou sensible (en grec, *aisthéton*)[124] correspond nécessairement une Idée, à chaque existence temporelle une essence éternelle. Cette Idée est alors la chose telle qu'elle *est* indépendamment de toute considération personnelle. Par ailleurs, elle est une, par opposition à la multiplicité des choses auxquelles on confère habituellement la même appellation, comme, par exemple, le nom unique de « triangle » pour de multiples sortes de triangles. Enfin, ce n'est que grâce à la partie raisonnable de notre âme qu'on peut l'atteindre. D'où son nom

---

[121] *Cratyle, op. cit.*, 440 a, p. 472 et *Timée* in *Œuvres complètes*, T. II, Trad. L. ROBIN, Ed. Gallimard, Coll. Bibliothèque de la Pléiade, N.R.F., Paris, 1964, 28a, p. 443.
[122] Cf. *Timée, op. cit.*, 28 a, p. 443.
[123] Cf., à titre d'illustration, *Phédon, op.cit.*, 79 a-e, pp. 132-133.
[124] Cf., par exemple, *La République* in *Œuvres Complètes*, Trad. E. CHAMBRY, T. VII, 1er Partie, Ed. Les Belles Lettres, Collection des Universités de France, Paris, 1989, VI 511 b 9, p. 142.

de réalité « intelligible » (en grec, *noeton*)[125]. C'est soutenir, en conséquence, que la Vérité ne se trouve pas dans la chose présente, mais au-delà, dans l'Idée, qui n'est pas, ainsi que nous l'avons mentionné, une production subjective de notre esprit, mais le visage réel de la chose elle-même et donc la Réalité pure.

Non sans raison, Protagoras aurait avancé qu'aucun triangle existant n'*est*. Mais, cela aurait été oublier l'existence du triangle idéal dont tel ou tel triangle particulier n'est que le reflet imparfait. Par son intellect[126], l'Homme peut avoir accès à ces réalités universelles et immuables que sont les Idées qui assurent aux choses sensibles particulières assez de stabilité pour qu'on puisse et les connaître et en parler. Sans les *Eidé*, les Idées, il est certain qu'aucune vérité ne serait possible et que l'ensemble de nos jugements moraux, pour ne prendre que ceux-ci, se réduirait à des opinions subjectives variables. Toutefois, tel n'est pas le cas. Le début du dialogue entre Socrate et Hermogène est, à cet égard, on ne peut plus explicite :

« SOCRATE : T'es-tu jamais aussi laissé entraîner à croire qu'il n'y a pas du tout d'homme méchant ?
HERMOGENE : Non, par Zeus. Souvent au contraire je me suis trouvé dans le cas de voir qu'il y a des hommes tout à fait méchants et en très grand nombre.
SOCRATE : Et des hommes tout à fait bons, n'en as-tu pas encore trouvé ?
HERMOGENE : Fort peu.
SOCRATE : Tu en as trouvé pourtant ?
HERMOGENE : Oui.

---

[125] Cf., par exemple, *La République*, *op. cit.*, VI 509 d 4-5, p. 140.
[126] « Et tout le temps que nous vivons, nous nous approcherons au plus près du savoir lorsque, autant qu'il est possible, nous n'aurons ni commerce ni association avec le corps, sauf en cas d'absolue nécessité ; lorsque nous ne nous laisserons pas contaminer par sa nature, mais que nous nous en serons purifiés (…). Alors, oui, nous serons purs, étant séparés de cette chose insensée qu'est le corps » (*Phédon*, *op.cit.*, 67 a-b, p. 116).

SOCRATE : Eh bien, quelle idée t'en fais-tu ? Ne penses-tu pas que les hommes tout à fait bons sont tout à fait raisonnables, et les hommes tout à fait méchants, tout à fait déraisonnables ?
HERMOGENE : C'est mon avis.
SOCRATE : Or, il est possible, si Protagoras disait vrai, et c'est la vérité que les choses sont telles qu'elles paraissent à chacun, que, parmi nous, les uns soient raisonnables et les autres déraisonnables.
HERMOGENE : Non certes.
SOCRATE : Aussi tu es convaincu, j'imagine, puisque la raison et la déraison existent, qu'il est absolument impossible que Protagoras ait dit vrai. Car un homme ne serait jamais réellement plus sage qu'un autre, si la vérité n'était pour chacun que ce qui lui semble »[127].

D'un côté, les Idées jouent un rôle épistémologique indéniable vu qu'étant fixes la connaissance ne nous est pas interdite. De l'autre, elles jouent un rôle éthique important puisqu'il existe des valeurs absolues auxquelles se référer.

E) *Qu'est-ce que la bêtise ?*

Commençons par signaler qu'on ne saurait confondre la personne bête avec l'imbécile, le simple d'esprit, le niais, le stupide, le sot, l'insensé, le frustre ou encore le nigaud. En l'avis de Kant[128], « l'imbécillité est une déficience totale de l'esprit. On ne peut pas dire, écrit le philosophe, que c'est une maladie de l'esprit, mais plutôt une absence d'âme »[129]. La simplicité caractérise celui dont l'entendement ne peut pas saisir beaucoup à la fois. La niaiserie fait que celui qui en est victime, tel l'oiseau sortant pour la première fois de son nid, est sans expérience et ne sait comment s'y prendre. La stupidité renvoie à l'absence de jugement et d'esprit alors que la sottise est cette

---

[127] *Cratyle, op. cit.*, 386 a-d, p. 395.
[128] *Anthropologie du point de vue pragmatique, op. cit.*, Première partie, B, §§ 46-49, pp. 74-79.
[129] p. 79.

même absence quand on a de l'esprit. L'insensé correspond à l'homme qui sacrifie ce qui a une valeur à des buts qui en sont dépourvus. Le frustre est celui à qui on ne peut rien enseigner. Quant au nigaud, il s'agit d'un naïf tout juste bon à redupliquer.

La bêtise, elle, est incapacité de s'étonner, cécité à l'égard des problèmes et impossibilité de conceptualiser. Partant, l'Homme seul peut être dit « bête » puisque « L'animal est garanti par des formes spécifiques qui l'empêchent d'être 'bête' »[130]. Il n'est qu'un être intelligent qui puisse être taxé de bêtise au même titre, d'ailleurs, qu'il n'est qu'un être pensant qui soit susceptible de *se* tromper et de commettre des erreurs, qu'un être doué de raison qui dispose du triste privilège de se montrer déraisonnable, qu'un être libre qui ait la possibilité de s'aliéner, qu'un être pourvu de conscience morale qui puisse opter pour le mal, etc.

Immanquablement, la personne dite « bête » subit la « tyrannie de l'habitude ». Pour elle, relève B. Russell, « le monde tend à devenir défini, fini, évident ; les objets ordinaires ne font pas naître de questions et les possibilités peu familières sont rejetées avec mépris »[131]. C'est que le réel est ce qu'il paraît être et rien de plus. Comprise de la sorte, la bêtise a tout d'une démission de l'esprit. Quelqu'un de bête s'en tient là, selon la belle formule de V. Jankélévitch. Un homme est un homme et un chat est un chat, un point c'est tout ! Alors à quoi bon « se prendre la tête » ? « Les faits sont là et parlent d'eux-mêmes, pourquoi toujours tout compliquer ? » Parce qu'inapte à s'étonner, pour la bêtise tout se vaut, « (...) tout devient régularité, automatisme, la vie quitte la réflexion. Aucune signification n'est attribuée au réel, aucune aptitude au doute, à la réflexion. Chaque chose se perd dans l'uniformité

---

[130] G. DELEUZE, *Différence et répétition*, Ed. Presses Universitaires de France, Coll. Bibliothèque de Philosophie Contemporaine, Ch. III, p. 196.
[131] *Problèmes de philosophie*, Ed. Payot, Coll. Petite Bibliothèque Payot, Paris, 1980, Ch. 15, p. 181.

pesante »[132]. La bêtise fait que tout revient au même. Pour elle, la vie n'est que routine, banalité, morne répétition et donc ennui. Ne s'étonnant de rien, tout lui paraît normal, extrêmement simple. En outre, « (...) le réel se suffisant dans son apparence et dans son utilité immédiate »[133], rien ne pose vraiment problème, au sens philosophique du terme et, conséquemment, rien, absolument rien, n'invite à penser. Ne pensant pas, la personne bête ne saurait, par suite, conceptualiser pour résoudre tel ou tel problème. Et c'est en cela qu'elle peut vraiment être dite « bête ». Non pas « bête comme une oie » ou « comme un âne », mais « bête comme un homme » à qui il manque étonnement, courage « pour briser ou problématiser ce qui *va de soi* »[134] et volonté de conceptualiser. Redisons-le avec V. Jankélévitch, « La vie ne nous est donnée qu'une fois et elle ne sera pas répétée ; la vie est tout ce qu'il y a de plus précieux. Il ne faut donc pas la rater. Avec quel sérieux infini et plus qu'humain il faudrait vivre cette expérience unique dont chaque minute refoule la précédente dans un passé irrévocable ! »[135]. De même que faire le Bien n'attend pas et doit être fait ici et maintenant, séance tenante, bien penser ne saurait non plus être remis à demain. Il en va de notre humanité. Qui ne sent qu'une vie privée de toute pensée n'a finalement plus rien d'une vie humaine ? Et que ce qui fait la dignité de l'Homme n'est autre que la libre activité créatrice de sa pensée[136] ? Alors ayons le

---

[132] M. ADAM, *Essai sur la bêtise*, Ed. La Table Ronde, Coll. La petite vermillon, Paris, 2004, Ch. II, § 3, p. 85.
[133] *Ibid.*, Ch. IV, § 3, p. 166.
[134] V. JANKELEVITCH, *Traité des vertus, II, Les Vertus et l'Amour*, Volume 1, Ed. Flammarion, Coll. Champs, Paris, 1986, Ch. II, § IV, p. 131.
[135] *Traité des vertus, II, Les Vertus et l'Amour*, Volume 2, Ed. Flammarion, Coll. Champs, Paris, 1986, Ch. VI, § V, p. 227.
[136] Cf., par exemple, B. PASCAL, *Pensées*, Ed. Flammarion, Coll. Garnier-Flammarion, Paris, 1976, n° 365-756.

courage de nous servir de notre entendement, pour le proclamer à la façon de Kant[137].

F) *Pourquoi philosopher ?*

Heidegger avait raison. Nos yeux sont devenus des yeux de techniciens, tout comme notre langue d'ailleurs qui se réduit dorénavant à la production de signes et au simple envoi de messages[138]. A la question « Qu'est-ce que ? » s'est progressivement substituée la question « A quoi sert ? ». Et même lorsque l'on ose encore poser la question « Qu'est-ce que ? », on ne répond plus désormais à celle-ci que par l'usage. C'est ainsi, par exemple, que si vous vous demandez « Qu'est-ce qu'un lit ? », le dictionnaire vous renseignera sur le fait qu'il s'agit d'« un meuble destiné au coucher », « Qu'est-ce que l'estomac ? », un « organe creux permettant la digestion » (Robert), etc. A quand une définition de l'Homme comme « capital », « ressource », « matériau »[139] ? Avouons que nous n'en sommes pas loin. Autant dire que le Réel n'est plus vu que comme fonds exploitable. Qu'il y ait des choses, des vivants, bref, de l'être, de la présence, voilà qui, dès lors, n'est plus digne de la moindre attention, du moindre étonnement, de la moindre problématisation.

Quel professeur de philosophie ne se trouve pas, à l'heure actuelle, quotidiennement interrogé sur l'utilité de sa discipline ? Or pareille demande de justification n'a rien d'anodin et reflète bien l'époque qui est la nôtre. Jamais, un Grec ne se serait posé une telle question. Car enfin à quoi sert la

---

[137] Cf. *Qu'est-ce que les Lumières ?*, Trad. J.-F. POIRIER et F. PROUST, Ed. Flammarion, Coll. Garnier-Flammarion, Paris, 2006.
[138] Cf. M. HEIDEGGER, *Langue de tradition et langue technique*, Trad. M. HAAR, Ed. Lebeer-Hossmann, Coll. Philosophiques, Paris, 1990.
[139] Cf. M. HEIDEGGER, *La Question de la technique* in *Essais et conférences*, Trad. A. PREAU, Ed. Gallimard, Coll. Tel, Paris, 1980, p. 24.

philosophie ? Si ce n'est à rien, du moins à rien d'utile et de rentable d'un point de vue strictement économique, tout comme elle ne sert d'ailleurs personne. Aussi peut-on la déclarer totalement désintéressée. Qu'on se souvienne d'Aristote qui, déjà en son temps, soulignait que l'activité philosophique ou, pour parler à sa façon, la « contemplation », n'aspire à aucune autre fin qu'elle-même. On ne pratique la philosophie que pour elle-même, et c'est ce qui en fait du reste et le sérieux et la valeur[140]. Penser pour penser suffit à légitimer la philosophie comme lieu de la pensée. Réduire l'esprit humain à n'être qu'un simple organe, un instrument au service de nos intérêts ou de nos petits plaisirs équivaut, Kant l'assurera plus tard, à rabaisser l'humain au rang de l'animal[141].

C'est pourquoi, à la question « A quoi sert la philosophie », il serait préférable de substituer l'interrogation suivante : « Pourquoi la philosophie ? ».

Personne n'ignore que l'adverbe « pourquoi » renvoie soit à la causalité (D'où ?, pour quelle raison ?, selon quelle cause ?), soit à la finalité (En vue de quoi ?, dans quelle intention ?).

Commençons par la causalité. Pourquoi philosophie ou pensée il y a ? Parce que si l'Homme est au monde – comme tout ce qui vit – il est aussi et principalement un être qui se représente le monde. Or nous avons vu précédemment le rôle joué par la conscience, plus spécialement par la conscience réflexive, dans cette représentation. Inutile donc d'y revenir.

Voyons, maintenant, « pourquoi » pris dans le sens de finalité. Dans quel but philosopher ? Tout simplement pour augmenter notre liberté et gagner une certaine forme de bonheur. Trop fréquemment, « Hasard donne les pensées, hasard les ôte », selon l'expression de Pascal[142]. Alors que le

---

[140] Cf. ARISTOTE, *Ethique à Nicomaque*, Trad. J. TRICOT, Ed. J. Vrin, Coll. Bibliothèque des Textes Philosophiques, Paris, 1987, 1177 a 11-1178 a 8, § 7, pp. 508-514.
[141] Cf. *Logique*, Trad. L. GUILLERMIT, Ed. Vrin, Coll. Bibliothèque des textes philosophiques, Paris, 1965, IX, 42.
[142] *Pensées*, Ed. Flammarion, Coll. Garnier-Flammarion, Paris, 1976, n° 370-542, p. 153.

sens commun proclame que s'il y a bien un domaine dont nous sommes maîtres, c'est celui de notre réflexion et de nos idées, force est de reconnaître que celles-ci s'imposent la plupart du temps à nous et ce, d'autant plus facilement, qu'il y a une sorte de complaisance de l'esprit, l'opinion et la bêtise étant généralement plus confortables et plus rassurantes que la réflexion personnelle. « C'est mon opinion » entend-t-on dire ? ou encore « Moi, personnellement, je pense que » alors que ce n'est ni plus ni moins le « On » qu'évoque Heidegger[143] qui parle à la place de l'individu. Souvent aussi nos opinions ne sont que semblants de compréhension. C'est ainsi, par exemple, que nous pouvons avoir une croyance vraie qui pourtant ne reposera en nous sur aucune compréhension de ce qui en fait la vérité[144].

Ayant « été enfants avant que d'êtres hommes »[145], nous avons hérité des idées de notre époque, de notre région, de notre famille, de notre langue, etc., et donc d'un monde particulier. Penser par soi-même équivaudra alors à exercer sa raison à dessein de remettre en question des réponses qui, bien souvent, nous ont été fournies avant même que notre esprit ne se soit éveillé. Aussi, de la même façon que l'adulte rejette ses jouets d'enfant, le penseur se doit de rejeter les opinions propres à sa culture[146]. Une pensée autonome est à ce prix. C'est là l'intérêt majeur de la philosophie. En cela, elle est un instrument de lutte contre la bêtise, la nôtre et celle des autres.

---

[143] *Être et Temps*, Trad. F. VEZIN, Ed. Gallimard, N.R.F., Coll. Bibliothèque de philosophie, Paris, 1986, Première section, Quatrième Chapitre, § 27, pp. 169-173.

[144] C'est ce que Platon appelle l'*orthodoxa*, l' « opinion droite », Cf. *Ménon*, Trad. E. CHAMBRY, Ed. Flammarion, Coll. Garnier-Flammarion, Paris, 1967, 98 a-e, pp. 371-372.

[145] R. DESCARTES, *Discours de la méthode* in *Œuvres et Lettres*, Ed. Gallimard, Coll. Bibliothèque de la Pléiade, N.R.F., Paris, 1970, 2e partie, p. 133.

[146] « Jouets d'enfants, les opinions humaines » disait Héraclite, *Fragments*, Trad. M. CONCHE, Ed. Presses Universitaires de France, Coll. Epiméthée, Paris, 1987, Fragment 15 (70), p. 76.

CHAPITRE II

QU'EST-CE QU'UNE RELIGION ?

I/ Quelle est l'étymologie du mot "religion" ?

A en croire Benveniste, il n'aurait existé aucun terme indo-européen pour désigner la religion et cela parce que les Indo-européens ne concevaient probablement pas ce que nous appelons « religion » comme une institution séparée des autres attendu que, pour eux, tout était très certainement « signe ou jeu ou reflet des forces divines »[147].

Si l'on se tourne du côté de l'origine même du signifiant « religion » et de son étymon, on découvre alors qu'il existe deux versions différentes.

La première remonte à Cicéron[148], donc au Ier siècle avant notre ère, et rattache *religio* à *legere*, « cueillir, rassembler, ramener à soi, reconnaître ».

---

[147] *Op. cit.*, Livre 3, Ch. 7, p. 266.
[148] *De la Nature des Dieux* in *Les Stoïciens*, T. 1, Trad. E. BREHIER, Ed. Gallimard, Coll. Tel, Paris, 1962, II, XXVIII, § 72, pp. 434-435.

La seconde se trouve, pour la première fois au IVe siècle de notre ère, chez l'auteur chrétien Lactance[149] et fait dériver *religio* de *ligare*, « lier ».

Si l'on suit Cicéron et si l'on rapporte *religio* à *relegere*, là où il y a religion, il y a scrupule, inquiétude, hésitation, sous-entendu face au sacré. Pourquoi cela ? Parce que *relegere* désigne le fait de revenir en arrière, de repasser physiquement ou mentalement, de parcourir à nouveau, ce qui est le propre du *religens*, de celui qui observe scrupuleusement le culte des dieux et a souci des choses sacrées. En fait, à y regarder de près, on s'aperçoit qu'empruntée à la langue des augures, *religio* aurait désigné, au départ, un « scrupule relatif aux *omina* », aux signes divins[150]. Puis, par extension, une méticulosité concernant les cérémonies et le service des dieux, le religieux reprenant avec soin tout ce qui a rapport au culte divin. C'est que négliger les dieux (en latin, *negligere*), ne pas tenir compte d'eux, être indifférent à leurs signes et ne pas se soucier des honneurs à leur rendre risquent de se payer fort cher. D'où l'intérêt d'être *religiosus*, d'avoir une attention scrupuleuse à l'égard des rituels qu'il faudra sans cesse recommencer.

Il faut avoir présent à l'esprit le fait que la religion romaine était une religion d'Etat au service exclusif de la collectivité. A l'instar de la religion grecque, la religion romaine s'adressait, d'abord et avant tout, à la communauté des citoyens. Il s'agissait donc d'une religion civile ne laissant aucune place à une expérience religieuse individuelle. D'où le succès d'ailleurs, des initiations aux Mystères et des diverses *sectae*, « sectes » que les Romains avaient tout loisir de suivre à condition que celles-ci ne portent pas atteinte au bon fonctionnement de l'Etat. Officiellement, la seule chose, en fait, que l'on attendait des citoyens romains était qu'ils accomplissent correctement les rites prescrits, dont le principal enjeu était d'assurer la durée

---

[149] *Institutions divines*, Ed. Le Cerf, Coll. Sources Chrétiennes, Paris, Livre IV, 28, 12.
[150] E. BENVENISTE, *op. cit.*, Livre 3, Ch. 7, p. 269.

ainsi que le succès de la Cité. Sinon, c'était toute la Cité qui risquait de pâtir du non respect des cultes publics.

Comme on peut s'en douter, le culte officiel de l'Etat était le seul légitime. Mais cela n'empêchait pas l'existence d'associations religieuses marginales appelées *sectae*, tels l'Isisme ou le Mithraïsme. D'aucuns pensent que *secta* vient du verbe *sequor*, « suivre ». Une secte étant alors une voie personnelle- que l'on suit. Tandis que d'autres font dériver *secta* du verbe *secare* qui signifie « couper » faisant par là même d'une secte une sous-branche d'une religion établie, religion dont elle se serait séparée.

Quoi qu'il en soit, il n'y a jamais eu, du moins chez les Romains, de valeur négative attachée au mot « secte ». En revanche, le terme de *superstitio*, « survivance », « résidu » avait, lui, une connotation négative et était utilisé pour désigner des formes exotiques ou puériles de magie et de divination opposées aux pratiques officielles[151]. D'ailleurs, le mot servit aux Romains pour désigner le Christianisme à ses débuts[152], cela avant que le Christianisme ne réduise, à son tour, la religion romaine au rang de *superstitio*.

Mais, revenons au mot « religion ». Chez Lactance, on trouve une étymologie proprement chrétienne qui rapporte *religio* à *religare*, « attacher », « nouer », donc au lien, à l'obligation ou encore au devoir et à la dette qui nous rattachent à dieu, point sur lequel a particulièrement insisté J. Derrida[153].

Vue sous cet angle, la religion doit être entendue comme ce qui permet à l'Homme d'être et de rester en relation avec son dieu et comme ce qui soude les hommes entre eux au nom de dieu. D'un côté donc, la religion relie, verticalement, les

---

[151]   *Ibid.*, Livre 3, Ch. 7, pp. 272-279.
[152]   Cf., par exemple, TACITE, *Annales*, Trad. P. GRIMAL, Ed. Gallimard, Coll. Folio, Paris, 1993, XIV, 4.
[153]   Cf. *Foi et savoir. Les deux sources de la « religion » aux limites de la simple raison* in *La Religion*, Séminaire de Capri sous la direction de Jacques DERRIDA et Gianni VATTIMO, Editions du Seuil, Paris, 1996, p. 51.

Hommes à dieu, de l'autre, elle relie, horizontalement, les hommes entre eux en créant du lien social.

Il est aisé de constater ici, comment les Chrétiens ont modifié l'étymologie du signifiant « religion » afin d'obtenir un signifié allant dans leur sens. En s'emparant du concept de « religion », ils en ont fait un concept au service même de leurs croyances. En fait, *religio* vient bien de *religere* dont l'antonyme n'est autre que *neg-ligo* « ne pas se soucier de » et non de *religare*[154]. D'ailleurs, *religare* n'aurait pas pu donner *religio* mais aurait plutôt donné *religatio*[155].

C'est pourquoi, on peut déclarer, sans se tromper, que parler de « religion » est aujourd'hui parler, et donc penser, de façon chrétienne dans la mesure où, qui dit « religion », dit désormais dieu unique, création, péché, foi, texte révélé... Par où l'on voit que lorsque nous employons le terme de « religion », nous sommes victimes d'un piège sémantique. C'est ce qui fait, par exemple, que, pour nous Occidentaux, il est impossible d'adhérer à plusieurs « religions » en même temps. Pourtant, multiples sont les sociétés dont les membres suivent plusieurs « religions » à la fois. Comme a pu le signaler R. Debray, « Tout se passe comme si notre tradition de pensée postulait en amont de l'histoire une Idée platonicienne de religion, d'essence monothéiste, qui se serait faite chair plus ou moins imparfaitement ici et là. On a hypostasié un cas historique particulier, en le désarrimant de ses lieux et dates »[156].

Or cette Idée de religion n'est, ni plus ni moins, qu'une invention chrétienne. Partant, notre catégorie de religion, dont le sens chrétien a su s'imposer, n'est, au bout du compte,

---

[154] Cf. E. Benveniste, *op cit.*, p. 270.
[155] *Ibid.*, p. 271.

[156] *Les Communions humaines. Pour en finir avec « la religion »*, Fayard, Paris, 2005, p. 33.

qu'une catégorie régionale et sa définition, une définition « christianocentrique »[157].

II/ *Les deux formes de religions, selon Bergson*

Quoi qu'il en soit, ces deux pistes étymologiques renvoient au double aspect de la religion souligné par Bergson dans son dernier ouvrage[158] : à la fois la piété qui relie les Hommes à la divinité ou « religion dynamique » et la pratique rituelle institutionnalisée ou « religion statique ».

La religion statique, rituelle, mécanique a, d'après Bergson, une fonction essentiellement sociale et pratique. Elle installe avant tout un ordre procurant à l'Homme une triple assurance :
- Une assurance contre la désorganisation, car elle favorise la conservation sociale attendu que les interdits religieux sont, en quelque sorte, avantageux pour la communauté et pour l'espèce[159].
- Une assurance contre la dépression, vu qu'en affirmant la continuation de la vie après la mort, la religion offre l'occasion à l'Homme de se prémunir contre l'angoisse de la mort. L'Homme sait par l'intelligence qu'il mourra. Les animaux vivent sans se poser de questions, en se laissant guider par leurs instincts. Or, l'intelligence se substituant chez l'Homme à l'instinct, celle-ci pourrait le décourager, le paralyser, si la nature ne suscitait une sorte de contrepoids qui n'est autre que la fonction fabulatrice. La nature l'aide en fait à supporter cette amère connaissance en lui fabriquant grâce à la fonction fabulatrice de l'intelligence, des dieux et des mythes eschatologiques[160].

---

[157] Cf. R. DEBRAY, Le Feu sacré. Fonctions du religieux, Fayard, Paris, 2003, p. 315.
[158] *Les Deux Sources de la morale et de la religion*, Presses Universitaires de France, Coll. Quadrige, n° 34, Paris, 1982.
[159] *Op. cit.*, Ch. II, pp. 124-134.
[160] *Ibid.*, Ch. II, pp. 134-144.

- Une assurance contre l'imprévisibilité étant donné que la religion vise à encourager l'Homme dans ses entreprises en lui affirmant qu'il peut amenuiser l'imprévisibilité par les rites toujours accomplis dans l'intention d'empêcher ou d'obtenir, s'en rendre maître et prédire l'avenir grâce à des procédés de divination spéciaux[161].

Si la religion statique a une fonction essentiellement sociale, la religion dynamique puise son principe dans l'élan vital et est, en quelque sorte, la religion du mysticisme qui est « une prise de contact, et, par conséquent, une coïncidence partielle, avec l'effort créateur que manifeste la vie. Cet effort est de dieu, si ce n'est dieu lui-même. Le grand mystique, le prophète, le saint et autres êtres hors série serait une individualité qui franchirait les limites assignées à l'espèce par sa matérialité, qui continuerait et prolongerait ainsi l'action divine »[162]. Mais, plus on s'éloigne des inspirés qui inventent des valeurs nouvelles, plus la parole se fige en doctrine, avec son orthodoxie, ses excommunications. Plus la lettre l'emporte sur l'esprit. Aux mystiques succèdent les fonctionnaires. Et c'est ainsi que, peu à peu l'inspiration, qui avait brisé toute réglementation sert au fond de point de départ à une réglementation nouvelle et que la religion dynamique devient religion statique, résultat codifié, refroidi et figé de la première.

III/ *Comment définir une religion ?*

Il est temps, à présent, de se mettre à la recherche de ce que les différentes religions peuvent avoir de commun, outre les différents points mentionnés par Bergson et qui ne concernent que l'effet balsamique de celles-ci, bref d'énoncer les caractères qu'elles ont toutes en partage et ce qui nous autorise à ranger sous le vocable de « religion » des voies spirituelles aussi différentes que le Judaïsme, l'Hindouisme, ou le Shintoïsme.

---

[161] *Ibid.*, Ch. II, pp. 144-159.
[162] *Ibid.*, Ch. III, p. 233.

Si l'on suit Emile Durkheim, on se doit de considérer toute religion comme :

> « **Un système solidaire de croyances et de pratiques relatives à des choses sacrées**, c'est-à-dire séparées, interdites, croyances et pratiques qui unissent en une même communauté morale, appelée 'Église', tous ceux qui y adhèrent. »[163]

Dans la définition qu'il propose du phénomène religieux, Durkheim commence par présenter celui-ci comme un « système », soit un tout structuré formé de différentes parties que le sociologue s'empresse d'énoncer. Or, parmi ces parties ne figure point l'idée de dieu(x) ou de divin, et pour cause, puisqu'il existe de grandes religions qui se sont développées en dehors de toute référence à une telle idée. Que l'on songe, à titre d'illustration, au Djaïnisme, cette religion indienne pour laquelle il n'est nullement de créateur, le monde étant là de toute éternité ce qui ne veut pas dire pour autant qu'il reste inchangé. Aucun dieu n'existe pour les Djaïns, mais uniquement des *Tirthankaras*, des « Guides sur la voie de la Libération », même si certains d'entre eux furent quasi divinisés.

Habitués que nous sommes aux religions du Livre, nous autres Occidentaux avons tendance à rapprocher systématiquement religion et divinité. Seulement, la notion d'entité spirituelle ou de divinité ne permet pas de définir la religion. Il convient de relever, avec Durkheim, qu'« il y a des rites sans dieux (…). Toutes les vertus religieuses n'émanent pas de personnalités divines et il y a des relations cultuelles qui ont un autre objet que d'unir l'homme à une divinité. La religion

---

[163] *Les formes élémentaires de la vie religieuse*, Ed. Presses Universitaires de France, Coll. Quadrige, n° 77, Paris, 1990, Livre I, Ch. 1, IV, p. 65.

déborde donc l'idée de dieux ou d'esprits, et par conséquent, ne peut se définir exclusivement en fonction de cette dernière »[164].

En revanche, dans sa proposition de définition du phénomène religieux, le sociologue introduit l'idée de croyances, croyances généralement fixées dans des dogmes ou doctrines prétendument incontestables qu'on se doit d'accepter sous peine d'hérésie. Rappelons que la notion d'« hérésie » marquait, chez les Grecs, le fait d'opter pour telle ou telle école de pensée et cela sans aucune connotation négative. Seulement, peu à peu, le mot *hairesis* va se voir utilisé pour dénoncer des tendances divergentes (philosophiques, religieuses…). Avec Justin de Naplouse (IIe siècle), il y aura aggravation de ce sens négatif, celui-ci utilisant ce terme pour désigner les « faux prophètes » ainsi que les grandes écoles philosophiques, forcément toutes dans l'erreur (Académie, Lycée, Jardin, Portique)[165]. A la fin du IIe siècle, Tertullien déclarera la religion chrétienne « vraie religion du vrai Dieu »[166].

Naturellement impérialiste et orgueilleuse semble être toute religion, ou plutôt, toute Eglise en ce que chacune d'entre elles est persuadée qu'il n'existe qu'une seule Vérité et qu'elle en est l'unique détentrice. Et Jankélévitch de pointer le fait que « Les chrétiens étant en ce monde largement majoritaires par rapport aux juifs, les chrétiens forts de leur écrasante supériorité numérique, accusent les juifs de n'avoir pas reconnu la vérité (…). Mais inversement et avec autant de raison, les juifs peuvent accuser la secte chrétienne d'infidélité à la tradition (…). Le christianisme romain occidental accuse le christianisme orthodoxe d'être entré en dissidence, et lui réserve le nom aimable de schismatique (…). Pour les catholiques,

---

[164] *Op. cit.*, Livre I, Ch. 1, II, p. 49. Il convient de noter, au passage, que pour le sociologue les dieux n'étaient que des symboles de la société et la religion une hypostase de la société.
[165] Cf. A. LE BOULLUEC, *Hérésies et orthodoxie* in *Histoire du Christianisme*, Ed. du Seuil, Paris, 2007, Première partie, Ch. IV, pp. 71-74.
[166] *Apologétique*, Trad. J.-P. WALTZING, Ed. Belles Lettres, Coll. Classiques en Poche, Paris, 20002, XXIV, 2.

naturellement, les protestants sont des infidèles qui s'excluent eux-mêmes de l'église, mais les Réformés après tout veulent retrouver la tradition primitive d'un christianisme évangélique auquel Rome a été infidèle (...). Pour départager les dogmatismes et les exclusivismes contradictoires, il faudrait que Dieu lui-même se décidât à parler, choisît lui-même la secte qui le représente. Hélas, Dieu ne parle pas ; il trouve préférable de laisser tout le monde se recommander de lui »[167].

Là où il y a religion, il y a des articles de foi, véritables arrêts de la pensée, arbitrairement et autoritairement décidés. Bien entendu, pour le croyant, ces articles de foi ne sont pas ressentis comme pesants puisqu'il a le sentiment d'y adhérer de lui-même. Pareillement, de son point de vue, raison et croyance ne sont pas exclusives l'une de l'autre et il n'est en rien déraisonnable de croire. Par où l'on mesure que la croyance n'est croyance que pour l'incroyant, au même titre que la folie n'est folie que pour l'homme sain, mais rarement pour le fou lui-même.

A ces croyances instituées, avance Durkheim, s'ajoutent des pratiques collectives, entendez des rites et des cérémonies de caractère sacré et souvent symbolique. Regroupées sous le nom de "culte", ces pratiques comprennent aussi bien les prières, que les sacrifices, les chants ou bien encore les danses. Le but de ces diverses pratiques n'est autre que de convoquer le sacré et de l'actualiser le temps d'une fête.

Pour ce qui est de la communauté morale, appelée « Église », chacun aura saisi que Durkheim visait là l'ensemble des croyants, c'est-à-dire à la fois les fidèles et les prêtres. C'est donc l'Église au sens large, l'*Ekklesia* des Chrétiens grecs, soit la totalité des gens de même confession et non pas simplement l'institution sociale chargée d'administrer le sacré. « (...) nous ne rencontrons pas, écrit Durkheim, dans l'histoire, de religion

---

[167] *Traité des vertus, II, Les Vertus et l'Amour*, Volume 1, Ed. Flammarion, Coll. Champs, Paris, 1986, Ch. V, § VIII, pp. 98-99.

sans Eglise »[168] et, un peu plus loin : « (...) la religion est inséparable de l'idée d'Eglise »[169].

Enfin, dernier ingrédient d'une religion digne de ce nom, le plus important, le plus indispensable : l'impression qu'il existe un ordre de choses ou d'êtres sans commune mesure avec celui des choses ou des êtres ordinaires, une sorte de valeur suprême de nature supra-mondaine, bref, pour le dire en un mot comme en cent, qu'il y a du sacré et que celui-ci se manifeste au sein même de notre monde. C'est là la croyance première et principale de toute religion, quelle qu'elle soit. C'est aussi à partir du sacré que vont s'élaborer les rites censés indiquer aux Hommes comment se comporter à son égard.

IV/ *Quelle est l'essence du sacré ?*

Toute conception religieuse du monde implique la bipartition de ce dernier en deux sphères hétérogènes s'excluant radicalement : le profane et le sacré. Cette distinction constitue, au témoignage de Durkheim, le trait commun de toutes les religions et peut donc être regardée, comme la pierre de touche ou l'idée-mère de toute religion. « La division du monde en deux domaines comprenant, souligne Durkheim, l'un tout ce qui est sacré, l'autre tout ce qui est profane, tel est le trait distinctif de la pensée religieuse »[170].

Or, il est à observer, avec Roger Caillois[171], que ces deux domaines, le profane et le sacré, « ne se définissent rigoureusement que l'un par l'autre »[172]. A la fois « antithétiques et complémentaires »[173], profane et sacré « s'excluent tout

---

[168] *Op. cit.*, Ch. 1, IV, p. 60.
[169] *Ibid.*, p. 62.
[170] *Ibid.*, Ch. 1, III, p. 51.
[171] *L'Homme et le sacré*, Ed. Gallimard, Coll. Folio/Essais, Paris, 1950.
[172] Ch. 1, p. 23.
[173] Ch. 3, p. 79.

autant qu'ils se supposent »[174]. Cependant, si le profane n'est que l'opposé du sacré et si le sacré n'est, à son tour, que l'opposé profane, il est patent que l'on tombe dans un cercle et que l'on ne définit, au bout du compte, aucun des deux.

Aussi commencerons-nous par nous tourner vers l'étymologie des deux termes en question.

Comme le fait remarquer Emile Benveniste[175], il ne semble pas qu'il y ait eu en indo-européen de signifiant spécifique renvoyant à ce que nous appelons le « sacré ». En revanche, toujours d'après le même auteur, on note dans force langues (avestique, grec, latin, germanique) la présence d'une double désignation, l'un des deux termes employés contenant alors l'idée de « ce qui est chargé de présence divine », tandis que l'autre renvoie à « ce qui est interdit au contact des hommes ».

C'est ainsi qu'on trouve en latin les mots *sacer* et *sanctus*, le premier désignant ce qui est animé d'une puissance divine et le second ce avec quoi on ne doit pas avoir de contact sous peine de *sanctio*, sanctio émanant des dieux eux-mêmes.

Quant au « profane », il faut savoir que le vocable « *profanum* » se décompose en *pro*, préfixe signifiant « en avant » ou « en dehors », et en *fanum*, terme désignant au départ tout lieu sacralisé par la parole[176] magico-religieuse de l'oracle ou du prêtre, puis, ultérieurement, le sanctuaire dédié à telle ou telle divinité.

Au sens premier, le profane était donc ce qui se trouvait à l'extérieur d'un endroit où s'opérait la communication entre le terrestre et le céleste. Par opposition, le sanctuaire correspondait à un espace sanctifié, à un lieu privilégié en marge du monde

---

[174] Ch. 1, p. 24.
[175] *Le Vocabulaire des institutions indo-européennes*, T. 2, *Pouvoir, droit, religion*, Paris, Les Editions de Minuit, Coll. Le Sens commun, 1969, pp. 179-207.
[176] *Fari* en latin, terme qui donnera comme dérivé, en plus de *fanum*, le nom *fatum*, l'« énonciation divine », et en français, les mots « fée » et « faconde », en portugais « fado » ou encore en provençale « farfadet ».

extérieur, bref, à un *templum* au sens strict en latin, un *temenos*, disaient déjà les Grecs, le radical *tem* qu'on retrouve dans les deux mots, désignant l'action de « couper », d'« isoler », de « scinder ».

Avant même les lieux de culte proprement dits furent probablement regardés comme sacrés tous les sites naturels ayant été le théâtre de phénomènes inexplicables, tous les lieux « forts » où telle ou telle puissance surnaturelle s'était, croyait-on, manifestée et qui, de ce fait, telle la durée bergsonienne[177], furent perçus comme étant purement qualitatifs[178]. N'oublions pas que, la première preuve de l'existence du sacré et des dieux fut certainement celle qu'Arthur Schopenhauer, mimant le vocabulaire kantien, nomma la « preuve céraunologique » ou « preuve par la foudre ». Et Schopenhauer de préciser qu'il s'agit là de « (...) la preuve qui se fonde sur notre besoin d'êtres soutenus, sur la faiblesse et la dépendance de l'homme vis-à-vis de forces naturelles infiniment supérieures, insondables, et généralement menaçantes ; ajoutez à ce sentiment notre penchant naturel à tout personnifier et l'espoir que nous avons d'obtenir quelque chose par des prières et des flatteries, ou même par des présents »[179].

---

[177] Voir, par exemple, à ce sujet, H. BERGSON, *Durée et simultanéité. A propos de la théorie d'Einstein*. Ed. Presses Universitaires de France, Coll. Bibliothèque de Philosophie Contemporaine, Paris, 1968.
[178] Cf. M. ELIADE, *Le Sacré et le Profane*, Gallimard, N.R.F., Paris, 1965, Ch. I, pp. 21-59.
[179] A. SCHOPENHAUER, *Le Monde comme Volonté et comme Représentation*, trad. A. Burdeau, Ed. Presses Universitaires de France, Paris, 1978, Appendice, *Critique de la philosophie kantienne*, p. 643. L'idée n'est pas nouvelle. On la trouve déjà sous la forme latine « *Primus in orbe deos fecit timor* », « C'est en premier la crainte qui crée les dieux sur terre » chez PETRONE, *Introduction et fragments*, Trad. J. DOUCET, Ed. A. Ferroud, Paris, 1902, 27, 1, et chez STACE in la *Thébaïde*, T. 1, L. 1-4, Ed. Les Belles Lettres, Collection des Universités de France, Paris, 1990, Livre 3, vers 661. Puis, par la suite, Chez LUCRECE, *De la Nature*, Trad. H. CLOUARD, Ed. Flammarion, Coll. Garnier-Flammarion, Paris, 1964, Livre

Telle serait donc l'origine du sacré, sur laquelle nous reviendrons, à savoir la peur qu'éprouvèrent nos ancêtres face à des phénomènes émanant de la nature toute-puissante.

Bon nombre de ces espaces furent, sans doute, par la suite, choisis pour y établir un sanctuaire, après avoir été enclos ce qui se dit, en latin, *sancire*.

Cinquième, vers 1218-1221, pp. 187-188, ABELARD in *Théologia christiana*, L. I, Ch. 3, CALVIN, *Traité des Reliques*, Ed. Labor & Fides, Coll. Jean Clavin, Paris, 2000. Mais aussi chez VOLTAIRE, in *Dictionnaire philosophique*, Ed. Flammarion, Coll. Garnier-Flammarion, Paris, 1964, Article « Religion », Seconde Question, p. 329 chez le baron d'HOLBACH, dans le *Bon sens*, Ch. X ainsi que le *Système de la Nature*, p. 294 cité par Pierre NAVILLE *D'Holbach et la philosophie scientifique au XVIIIe siècle*, pp. 344-345, dans le *Traité des trois imposteurs : Moïse, Jésus, Mahomet*, Ed. Max Milo, Paris, 2001, Ch. II, § 1, chez le marquis de SADE, *La Nouvelle Justine*, citée par Gilbert LELY dans *Discours contre Dieu par le marquis de Sade*, Ed. Union Générale d'Editions, Coll. 10-18, Paris, 1980, p. 71, ou encore chez E. KANT in *La Religion dans les limites de la simple raison*, trad. J. GIBELIN, Ed. Librairie philosophique J. Vrin, Coll. Bibliothèque des textes philosophiques, Paris, 1996, IVe Partie, Deuxième Section, § III, p. 192. Elle sera reprise également par F. ENGELS et par K. MARX. Cf. F. ENGELS, *Anti-Dühring*, Paris, Ed. sociales, 1971, pp. 353-354 et F. ENGELS et K. MARX, *Idéologie allemande*, Paris, Editions sociales, 1968, p. 59. Par Freud aussi. Cf. *L'Avenir d'une illusion*, trad. M. BONAPARTE, Ed. Presses Universitaires de France, Coll. Bibliothèque de Psychanalyse, Paris, 1980, Ch. III, pp. 21-24. Durkheim, de son côté, critiquera cette idée dans *Les formes élémentaires de la vie religieuse*, Ed. Presses Universitaires de France, Coll. Quadrige, n° 77, Paris, 1990, Livre II, Ch. VII, IV, p. 320. Bergson, quant à lui, la nuancera in *Les Deux Sources de la morale et de la religion*, Presses Universitaires de France, Coll. Quadrige, n° 34, Paris, 1982, p. 160, tandis que Marcel HENAFF la critiquera vivement in *Le Prix de la vérité. Le don, l'argent, la philosophie*, Ed. Le Seuil, Paris, 2002, p. 207, relayé par Camille TAROT in *Le symbolique et le sacré. Théories de la religion*. Ed. La Découverte, Coll. Textes à l'appui/ bibliothèque du m/a/u/s/s, Paris 2008, p. 864.

Etant affecté aux dieux, le champ du sacré ne pouvait qu'être un champ de forces à part qu'il ne fallait, sous aucun prétexte, souiller (en latin *profanare*), toute *profanatio* étant sacrilège. D'où une série de défenses et d'interdits destinés à protéger le lieu sacré, tout autant que la personne et cela parce qu'il est préférable de tenir le sacré à bonne distance. De même l'animal sacrifié (de *sacer facere*, « rendre sacré ») par le *sacerdos*, l'agent du *sacrificium*, était lui aussi retranché du monde des vivants[180] et, partant, rendu sacré car isolé. Il n'en sera pas autrement pour le saint[181], cet homme qui, parce qu'à la fois sacrifié et sanctifié par son contact permanent avec le sacré, est séparé de la foule des hommes et devient alors inaliénable.

On l'aura saisi, à chaque fois que l'on qualifie une chose ou bien un être de « sacré », on désigne par là même ce qui est séparé du commun[182].

Comme l'a noté Mircea Eliade[183], absolument tout peut devenir sacré : des astres (le Soleil, la Lune…), des planètes (Vénus, Mars, dans la religion romaine), des villes (Jérusalem, La Mecque, Lhassa…), des montagnes (le mont Kaïlash pour les Hindouistes et les Bouddhistes tibétains), des sources (dans la religion grecque, par exemple), des fleuves (le Gange dans l'Hindouisme), des bois (comme les bois sacrés que les Grecs et les Romains dédiaient à tel ou tel dieu), des arbres (comme l'olivier d'Athéna dans la religion grecque), des animaux (comme le chat dans la religion égyptienne ou la vache dans l'Hindouisme), des êtres

---

[180] Benveniste, *op. cit.*, p. 188.

[181] De *sanctus* non pas au sens premier de ce qui est défendu mais au sens ultérieur de « celui qui se trouve investi de la faveur divine et reçoit de ce fait une qualité qui l'élève au-dessus des humains ». Cf. Benveniste, *op. cit.*, p. 191.

[182] On retrouvera également cette idée dans l'hébreu *qaddosh* que l'on traduit par « sacré » ou « saint » et qui est dérivé de la racine *qdd* qui signifie précisément « séparer », « désunir » ou encore dans le verbe *chalal*, « rompre l'enclos », soit profaner. En arabe, *harram* signifie à la fois « mettre à l'écart » et « sacraliser ».

[183] Et Durkheim avant lui. Cf. *Op. cit.*, Ch. 1, III, p. 51.

humains (le Pape des Chrétiens ou le Dalaï-Lama des Tibétains), des gestes (le signe de croix chrétien, les *moudras* hindouistes et bouddhistes), des objets (tels les *hiera* d'Eleusis), des moments du temps – songeons aux fêtes religieuses –, des sons (les *mantras* hindouistes ou bouddhistes), des noms propres (celui de Yahvé ou celui du Christ, par exemple), des nombres (3, 5, 108, dans le Bouddhisme tantrique indo-tibétain), des signes (comme le chrisme chrétien), des formes géométriques (tel le triangle avec l'œil de dieu en son centre propre aux Chrétiens)... Or, il va de soi qu'une fois que le sacré a investi ce dont il est devenu le siège, ce n'est pas l'être ou la chose en lui-même qui est adoré mais ce qu'il manifeste. Car il est, dorénavant, une "hiérophanie" pour parler à la semblance de Mircea Eliade[184], et, à ce titre, la manifestation d'une force qui le dépasse. « Un objet devient sacré dans la mesure où il incorpore (c'est-à-dire révèle) '*autre chose*' que lui-même »[185].

C'est pourquoi d'ailleurs, à partir du moment où, quelqu'un ou quelque chose est reconnu(e) comme étant sacré(e), le comportement à son égard ne se sera plus le même.

D'un côté, il, ou elle, sera admiré(e) et, de l'autre, craint(e). Et cela, parce que le sacré suscite tout autant un sentiment de vénération que d'épouvante, de fascination (latin : *fascinans*) que de terreur, d'adoration que d'effroi (latin : *tremendum*), d'attraction que de répulsion. De fait, l'attitude à l'égard du sacré est-elle inconditionnellement ambivalente.

En un sens, il est l'interdit, ce avec quoi on ne saurait rentrer directement en contact, bref, il est une réalité devant laquelle on « recule saisi de stupeur », ainsi que le mentionnait si justement Rudolf Otto[186]. Que l'on songe, par exemple, à l'Arche d'Alliance des Hébreux, le contenant des tables de la Loi de Moïse, mais aussi et surtout, le siège de la présence divine, dont on prétendait que ne pouvaient le toucher que les Lévites de la

---

[184]   *Le Sacré et le Profane*, Gallimard, N.R.F., Paris, 1965, p. 15.
[185]   M. ELIADE, *Traité d'histoire des religions*, Payot, Coll. Petite Bibliothèque Payot, Paris, 1975, Ch. 1, § 5, p. 25.
[186]   *Le Sacré*, p. 48.

famille de Caath. Preuve en fut donnée lorsque David voulut ramener l'Arche de Gabaa à Jérusalem et, qu'après l'avoir placée sur un chariot traîné par des bœufs, l'Arche de l'Alliance de l'Eternel menaça de tomber au sol. Or, quand Ouzza s'élança pour retenir celle-ci, la colère de l'Eternel s'embrasa alors contre ce dernier qui mourut aussitôt[187].

On comprend bien ici que, compte tenu de sa puissance, le sacré est ce qu'il est préférable de tenir en respect, ce avec quoi il vaut mieux garder ses distances tout en ne le perdant pas de vue (en latin *re-spectus*). Toute proximité immédiate avec le sacré est, au plus haut point, risquée. D'où l'extrême intérêt de rester à sa place et de se tenir à distance respectueuse de ce *Mysterium tremendum*.

Mais, en un autre sens, le sacré est aussi force d'attraction, *Mysterium fascinans* et, partant, ce avec quoi il faut rester en contact. Toucher, dans le temple d'Epidaure, au nord-est du Péloponnèse, la statue d'Asklepios, le dieu grec de la médecine, était, pour les malades, gage de guérison. Chez nous, au Moyen-Âge, nul ne remettait en question l'efficacité des reliques. Pour le Musulman, réussir à étreindre la *Ka'aba, Hajre-Aswad*, la Pierre noire sacrée, dans la Grande Mosquée *Massid al-Haram*, voire à l'embrasser, après en avoir fait sept fois le tour de droite à gauche, a toujours été ressenti comme le meilleur moyen de se sanctifier, etc.

Comme l'indique Roger Caillois[188], le sacré éveille finalement en chacun « la crainte de s'y brûler et le désir de l'allumer ». Pour notre part, nous conclurons à ce sujet que, tel un feu, le sacré consume celui qui s'en approche trop près, mais fait aussi mourir de froid celui qui s'en éloigne.

Il est difficile, parvenu à ce stade de la réflexion, de ne point voir que le sacré a, au fond, immanquablement été perçu comme une réalité sans commune mesure avec les choses visibles, une réalité autre, douée d'une énergie tout aussi

---

[187] Cf. *Samuel*, II, Ch. 6, V.6.
[188] In *L'Homme et le sacré*, Gallimard, Folio/Essais, Paris, 1950, p. 48.

salutaire que dangereuse. De là l'expression de « tout autre »[189] ou encore de « numineux »[190] qu'emploie R. Otto (du latin *numen*, la « divinité »).

On l'aura compris, le sacré est l'Autre du réel ordinaire, réel qui, du même coup, se voit ravaler au rang de simple apparence[191]. Il est, note Mircea Eliade, l'« irréductiblement réel dans le monde » ou, pour le proférer autrement, la seule réalité qui soit[192], le réel par excellence[193]. Radicalement autre est donc l'Altérité sacrale. Mieux : elle équivaut à l'Altérité absolue, où l'on retrouve, une fois de plus, l'idée de séparation, *ab-solutum* en latin, désignant ce qui est séparé (de *ab-solvere*, « détacher de »), sans rapport à quoi que ce soit d'autre, sans comparaison possible.

Différence absolue, l'altérité sacrale ne saurait être qu'extra-ordinaire et, de ce fait, qualitativement supérieure au monde d'en bas rabaissé, pour le coup, au rang de monde illusoire.

A cela s'ajoute le fait que l'Altérité sacrale est forcément immuable car en-dehors du temps. Contrairement à tout ce qui est enveloppé par le temps, c'est-à-dire, en définitive, tout ce qui existe, le sacré, en tant que plan supérieur pérenne, ne s'altère ni ne se corrompt.

---

[189] *le Sacré, op. cit.*, p. 46.
[190] *Ibid.*, pp. 19-21.
[191] Transposée dans le champ philosophique, cette idée de deux mondes différents (profane/sacré) donnera naissance, chez Platon, à l'opposition bien connue entre réalité visible (en grec : *horaton*) et Invisible (*Aeidès*) Cf. *Phédon*, Trad. E. CHAMBRY, Ed. Flammarion, Coll. Garnier-Flammarion, Paris, 1965, 79 a-e, pp. 132-133 ou encore entre le sensible (*aisthéton*) et l'Intelligible (*Noeton*) Cf. *République* in *Œuvres complètes*, T. VII, 1re Partie, VI, 511 b 9, p. 142 et VI, 509 d 4-5, p. 140.
[192] Cf. M. ELIADE, *Cosmologie et alchimie babyloniennes*, Trad. A. PARUIT, Ed. Gallimard, N.R.F., Coll. Arcades, Ch. I, § 3, p. 32.
[193] M. ELIADE, *Le mythe de l'éternel retour. Archétypes et répétition*, Ed. Gallimard, N.R.F., Coll. Idées, Ch. I, § 2, p. 23.

Mais, ce n'est pas tout, dans la mesure où, en tant qu'Etre absolu, le sacré est également ce qui fournit un sens et, de ce fait, une valeur au devenir. D'aucuns croient qu'ils ont affaire à un chaos sans nom, à un hasard aveugle, à une gratuité totale. Pourtant, il n'en est rien. Pourquoi cela ? Parce qu'en plus et au-delà de la nature préexiste une sur-nature, un monde essentiel, qui fait que le terrestre n'est point aussi in-signifiant et désordonné qu'on pourrait le croire à première vue. On touche là à la fonction sémiologique de toute religion, fonction qui, par l'introduction de vérités et de valeurs transhistoriques, n'a d'autre but que de rassurer le croyant. Enfin, l'incompréhensible devient, pour lui, compréhensible et ce qui semblait jusque-là énigmatique parfaitement clair. En reliant ce qui est en bas avec ce qui est en haut et en se mettant ainsi en relation avec la vraie Réalité, le croyant se défend du néant et a l'impression d'échapper à sa condition de simple mortel.

A partir des différents éléments que nous venons d'évoquer, il nous est désormais possible de soutenir que :

> *Le sacré est l'Altérité absolue, soit l'Autre immuable de la réalité ordinaire qui, bien que séparée de cette dernière, ne l'irrigue pas moins de sens.*

V/ *Quelle est l'origine du sacré ?*

Comme nous l'avons signalé, la première forme de religiosité fut probablement, si l'on suit ce que l'on pourrait appeler la « théorie naturaliste », ce que Engels et Marx appelaient la « religion naturelle », non pas au sens où on l'entendait au XVIIIe siècle[194], mais dans la mesure où l'idée de

---

[194] On désignait alors par l'expression « religion naturelle », l'essence des religions empirico-historiques, soit une religion fondée uniquement sur les données de la Raison. Or, à en croire Sénèque, la théorie selon laquelle le divin serait l'objet d'une croyance naturelle de

sacré serait issue de la rencontre avec diverses « puissances » transcendantes censées être intervenues dans la nature. « Tout espace sacré, *dixit* Mircea Eliade, implique une hiérophanie, une irruption du sacré qui a pour effet de détacher un territoire du milieu cosmique environnant et de le rendre qualitativement différent »[195]. Ou encore : « Tout ce qui est insolite, singulier, nouveau, parfait ou monstrueux devient un récipient pour les forces magico-religieuses et, suivant les circonstances, un objet de vénération ou de crainte, en vertu du sentiment bivalent que provoque le sacré »[196].

Pour bien comprendre cela, tournons-nous, en guise d'exemple, en direction de la religion grecque.

L'espace sacré le plus élémentaire était, chez les Grecs, l'autel en plein air, autel entouré d'une clôture et qui pouvait être dédié à un seul dieu, à deux (exemple : Apollon et Dionysos), à douze (les Douze de l'Olympe), à vingt, etc. Il y avait même à Athènes et dans les dèmes athéniens des autels dédiés aux dieux inconnus dont le premier fut érigé par Epiménide[197]. Des fois que l'on en aurait oublié ! Paul de Tarse, transformant le pluriel

---

la part de la Raison se trouvait déjà chez les Stoïciens. Cf. SENEQUE, *Lettres à Lucilius*, trad. F. PRECHAC, Ed. Les Belles Lettres, 1992, Paris, Tome 5, Livre XIX, Lettre 117, § 6. Pour ce qui est du XVIIIe, voir D. HUME, *Dialogues sur la religion naturelle*, trad. Michel MALHERBE, Ed. Vrin, Coll. Bibliothèque des textes philosophiques, Paris, 2005, J.-J. ROUSSEAU, *Contrat social* Garnier-Flammarion, Paris, 1966, L. IV, Ch. VIII, pp. 170-180, *Emile ou de l'éducation*, Garnier-Flammarion, Paris, 1966, Ch. IV, pp. 345-464, VOLTAIRE, *Dictionnaire philosophique*, Ed. Flammarion, Coll. Garnier-Flammarion, Paris, 1964, pp. 361-362.

[195] *Le Sacré et le Profane*, Gallimard, N.R.F., Paris, 1965, Ch. I, § 2, p. 25.

[196] *Traité d'histoire des religions*, Ed. Payot, Coll. Petite bibliothèque Payot, n° 312, Paris, 1975, Ch. I, § 5, p. 25.

[197] Cf. DIOGENE LAËRCE, *Vie, doctrines et sentences des philosophes illustres*, Trad. R. GRENAILLE, T. I, Ed. Garnier-Flammarion, Paris, 1965, Livre I, p. 92.

(« Aux Dieux ») en singulier (« Au Dieu »), l'attribuera, lors de sa visite à Athènes, au dieu des Chrétiens[198].

Sur ces autels en pierre, chaque citoyen grec se voyait offrir l'occasion de pratiquer des sacrifices, en son nom propre, et de déposer des offrandes aux dieux : soit des trépieds, avec ou sans cuve, soit des offrandes de statuettes représentant les dédicants et cela parce que les fidèles craignaient que le, ou les, dieu(x) n'oublie(nt) trop vite leurs prières, soit des cheveux : forme d'offrande, sans doute la plus ancienne et d'ordinaire utilisée pour se racheter, soit des astragales avec gravé le nom entier ou abrégé de la divinité concernée, soit des *phalloï* en terre cuite destinés à obtenir un enfant, soit des armes, mais aussi des vêtements (pour la divinité), des épingles, des fibules, des boucles, des peignes, des miroirs, des vases en bronze, des bouteilles à parfum, de la vaisselle en métal, soit, encore, des offrandes de grains d'orge, de pois chiches, de lentilles, de fèves, des offrandes de fruits variés, de gâteaux, d'huile d'olive, de laine de brebis, de vin, de miel ou de lait.

L'usage voulait que, lorsqu'ils étaient trop nombreux ou endommagés, on enterre ces objets près de l'autel pour faire place à d'autres.

Pourquoi ces offrandes ? Il ne faut pas oublier que donner aux dieux était la meilleure façon de s'acquitter de ce qu'on leur devait et de s'assurer de leur générosité à venir. C'était également une manière de reconnaître leur puissance tout autant que la part d'honneur qui leur était due.

A ces autels s'ajoutaient les temples ou sanctuaires. Au début, les temples grecs étaient aussi modestes que les premières habitations des hommes. Le premier temple d'Apollon à Delphes, par exemple, fut d'abord une simple hutte en branchages. Puis, les temples s'agrandirent et furent construits en bois et en brique crue. Et ce n'est qu'à la fin du VIIe siècle avant notre ère qu'apparurent les premiers temples en pierre.

---

[198] Cf. *Actes des Apôtres*, 17, 22-25.

Ces temples étaient, la plupart du temps, délimités par une enceinte : le péribole.

A l'intérieur de cette enceinte, se trouvaient, en plus du temple, un autel en plein air situé devant l'entrée du temple et fréquemment aussi des petites chapelles élevées par des particuliers ou des Cités destinées à contenir les offrandes faites au dieu, les *ex-voto*, etc.

Les sanctuaires étaient le plus souvent rectangulaires et étaient constitués de deux parties :

Le péristyle extérieur qui était ouvert et qui longeait le sanctuaire sur ses deux côtés et le *sékos*, le temple proprement dit, qui était fermé et qui comprenait : un vestibule (le *proanos*), le *naos*, c'est-à-dire la chambre centrale, où l'on plaçait la statue et l'opistodome, la « chambre de derrière » (sous-entendu derrière le *naos*), chambre renfermant les offrandes et le trésor du dieu. A ces trois pièces s'ajoutait parfois, derrière l'opistodome, un vestibule arrière (l'*adyton*) dans lequel avaient lieu les cérémonies secrètes (c'est là que se tenait, par exemple, la Pythie dans le temple de Delphes).

L'ensemble du temple était presque toujours orienté est-ouest de façon à ce que les rayons du soleil levant viennent frapper la statue du dieu, ou de la déesse, placée en face de la porte, dans le *naos*, le jour où l'on célébrait sa fête principale. En dehors de ce jour, les fidèles n'entraient pas dans le sanctuaire. Celui-ci n'était donc pas, à proprement parler, un lieu de culte car les cérémonies publiques se déroulaient en plein air, sur l'autel placé devant le temple. Seul le prêtre était habilité à voir quotidiennement la statue (la statue était parfois enchaînée afin qu'elle ne se sauve pas !), à la laver, à la vêtir, à la « nourrir » et à lui parler à l'oreille. Quiconque voyait la statue sans y être autorisé, devenait, disait-on, fou ou aveugle.

Autel, temple et éventuellement petites chapelles formaient un espace clos qui était la propriété du dieu ou de la déesse. Il s'agissait donc d'un lieu privilégié, en marge du monde extérieur, dont les principaux composants n'étaient pas sans évoquer les premiers éléments naturels qui furent sans doute sacralisés (l'autel : la pierre sacrée, l'enceinte : le bois sacré, le plafond : la Voûte Céleste, les colonnes : les arbres sacrés, la vasque : l'eau sacrée...). Rien d'étonnant, par conséquent, à ce que les Grecs aient appelé les sanctuaires des *temenoï*, le radical *tem*, qu'on retrouve aussi dans le vocable latin *templum*, signifiant « couper », « isoler », « scinder ».

Il est bon de souligner également qu'en grec, le signifiant *ieron*, que nous traduisons par « sacré », avait au départ, un sens exclusivement spatial. C'est du reste ce mot qui, antérieurement à *temenos*, désignait le sanctuaire.

L'espace comprenant autel, chapelles et temple n'était pas, bien entendu, choisi fortuitement. Il s'agissait généralement d'un emplacement sélectionné pour ses prétendues vertus magiques ou pour avoir été le théâtre de phénomènes inexpliqués. Et c'est ainsi que le sacré fut probablement, du moins à ses débuts, associé à des lieux « forts » considérés comme « vivants ».

A ces différents sites naturels investis désormais d'une valeur absolue s'ajoutent, du moins chez les Grecs, tous les endroits où étaient nés les dieux ou alors les lieux où ils s'étaient prétendument présentés. N'oublions pas que les Grecs étaient convaincus que la naissance de la plupart de leurs dieux s'était déroulée sur Terre. Zeus était, pour eux, originaire de Crète, Héra de Samos, Dionysos de Thrace, Aphrodite de Rhodes, Artémis de Sparte, Apollon de Délos, etc.

A noter, au passage, qu'étant nés à tel ou tel endroit, les dieux étaient aussi nés tel ou tel jour. Or, ils revenaient immanquablement sur terre le jour de leur anniversaire, là même où ils étaient nés. D'où la fête de tel ou tel dieu qu'on ne manquait pas alors de célébrer.

Etaient également sacrées les places qu'avaient fréquenté les héros, ces êtres exceptionnels nés d'un père divin, ou d'une mère divine et d'une ou d'un mortel(lle) tel Achille (le fils du roi Pelée et de Thétis) ou Persée (le fils de la princesse Danaé et de Zeus).

Or ce sont tous ces espaces qui, une fois con-sacrés au culte des puissances censées s'y être révélées, se transformèrent progressivement en sanctuaires. Cette délimitation de terrains sacrés entraîna, par la suite, une série de défenses et d'interdits destinés à les protéger de la profanation. Par extension, on considéra comme sacré tout ce qui était compris dans l'enceinte du culte ou qui lui était dédié y compris les ministres du culte.

Sans doute, la naissance de lieux consacrés a-t-elle induit celle d'un temps sacré, propice aux célébrations religieuses et sources de régénération pour le groupe, voire pour le cosmos tout entier. C'est à ce moment qu'ont dû apparaître les premiers calendriers destinés à organiser l'alternance entre périodes profanes et jours sacrés.

Donc, le sacré fut d'abord et avant tout, c'est du moins notre hypothèse, topographique. Il s'agissait, nous l'avons dit, d'espaces où s'étaient produits des événements exceptionnels. A ceci près, toutefois, que si, comme le rappelle Bergson, « l'émotion de l'homme devant la nature est sûrement pour quelque chose dans l'origine des religions (…), la religion est moins de la crainte qu'une réaction contre la crainte »[199].

Mais, ce n'est pas tout. Car pour devenir complètement sacrés, encore fallait-il que les espaces, dont nous parlons, fussent con-sacrés par la parole magico-religieuse d'un être à part (chaman, oracle, prêtre…). Sans cette parole, la sacralisation n'eut probablement pas été possible. Pourquoi cela ? Parce que la parole magico-religieuse est censée être douée d'une telle puissance qu'il n'y aurait, dans son cas, aucune distance entre le verbe et l'acte.

Dans la sphère de la magie et de la religion, énoncer équivaut toujours à faire. « Abracadabra ». « Aussitôt dit, aussitôt fait ». Le langage du prêtre ne représente pas le réel mais le présentifie par cela seul qu'il rend exécutoire ce qu'il énonce. Songeons, par exemple, à l'invocation de l'Esprit Saint par le prêtre catholique : « Ceci est mon corps », « Ceci est mon sang », invocation qui permet, lors de la messe, la consécration de l'hostie et du vin.

Or, selon nous, pareille croyance vient probablement du fait que, très tôt, l'Homme a entrevu, sans pour autant parvenir à le formuler clairement, le pouvoir créateur du langage, sa

---

[199] *Op. cit.*, Ch. II, p. 160.

puissance performative dira Austin[200]. Certes, dans la plupart des cas, nos signes linguistiques renvoient à des réalités leur préexistant mais, dans bien des cas aussi, ils instaurent ce qui, du coup, va devenir pour nous réalité, le signifiant générant ni plus ni moins le signifié. C'est que les signes ont le pouvoir d'extirper du néant et de faire accéder à l'être ce qui, auparavant, n'était point. Combien de gens, à partir du moment où on les a nommés, ont-ils vu, de leurs yeux vu, Belphégor, le démon des inventions ou Melchom, le Trésorier des enfers, quand ce n'est pas Satan lui-même, c'est-à-dire le diable en personne ? Combien ont croisé le chemin de vampires, de loups-garous, de gobelins, de spectres et *similia* ? Combien ont aperçu Bourru, le fantôme de ce moine qui erre la nuit dans les rues de Paris et tord le cou à ceux qui mettent la tête à la fenêtre ou encore la dame blanche ? *A contrario*, combien d'Indiens ont vu la Vierge Marie ? Et combien de périgourdins, la déesse Kali ?

Donc, le sacré se décrète et s'institue *via* une parole pleine de force. Devient sacré ce qui, en fait, est proclamé sacré par le prêtre. Autant dire qu'il n'existe pas de sacré en soi et que pour être *dite* "sacrée", une chose doit être con-sacrée par la parole et reconnue comme telle. Alors seulement se voit-elle sacrifiée, au sens étymologique du terme (de *sacer facere*, litt. « faire sacré ») et devient-elle une chose sans commune mesure avec les choses ordinaires.

D'où provient l'efficacité de la parole (en latin, on l'a vu, *fari*) du prêtre ? Du verbe divin lui-même duquel, en un sens, elle participe. Porte-parole du sacré, le prêtre ou le prophète (du latin *propheta*, emprunté au grec *pro*, « avant » et *phanaï*, « rendre visible par la parole ») a pour don essentiel de communier avec l'Altérité sacrale. Tout se passe comme si sa parole avait quelque chose de la parole divine, parole qui est d'emblée réalité. Que l'on songe, par exemple, au fameux « Au commencement était Brâhma » et « avec lui était *Vâk* (la

---

[200] Cf. John Langshaw AUSTIN, *Quand dire, c'est faire*, Ed. du Seuil, Coll. Points/Essais, Paris, 1991.

« Parole ») » des textes brâhmaniques[201]. De chaque syllabe que prononça Brâhma apparurent, signalent les même textes, la terre, les saisons, le temps, les dieux, les démons, etc.[202] D'après une autre version mythique, tirée des *Brâhmanas*, la déesse Prâdjapati aurait dit « Terre » et il y eut une Terre. Elle dit « Air » et il y eut l'Air, etc.

De son côté, Amon-Râ ou Amon-Rê, la divinité suprême de l'Egypte du Nouvel Empire, créa les dieux subalternes par l'émission de sa voix, du moins selon un mythe cosmogonique d'Héliopolis. Ou encore, le dieu Thot donna le jour au monde, après l'avoir conçu en son esprit, par l'intermédiaire de sa parole.

A en croire le chœur des *Suppliantes* d'Eschyle, « Zeus parle et l'effet suit »[203]. Même chose en ce qui concerne Apollon, cette fois-ci d'après Euripide[204].

Dès que dieu eut dit, mentionne la *Genèse* (1), tout vint à l'être. D'où le célèbre « Au commencement était le Verbe » (1, 1) ou encore « Et la parole éternelle a été faite chair » (1, 14) de Saint Jean. Les interrogations de saint Augustin sur le statut de la parole divine sont bien connues. Car enfin, s'il y a parole, n'y

---

[201] Les *Brâhmanas* sont des commentaires des *Védas* qui virent le jour entre le VIIIe et le VIIe siècle avant notre ère. Sur la Parole de Brâhma, consulter, par exemple, *Tandya Mahâ Brâhmana*, 7, 6, 1-3 et 20, 14, 2 et 5 ainsi que *Sâmavidhana Brâhmana*, XI, 2, 3, 3-6.
[202] « Brâhman » signifie au départ, en sanscrit védique, « gonflement ». Or, en avestique « *spanta* » que l'on traduit par « sacré » et qui est souvent associé à *matra*, « parole efficace », traduit précisément l'idée de gonflement. Cf. Benveniste, *op. cit.*, L. 3, Ch. 1, pp. 180-184. Puis, le terme désignera le « Sacré » et le « Verbe », le dieu Brâhma deviendra alors le Seigneur du Verbe sacré dont la parole ne sont autres que les *Védas*. Sa parèdre est Vâk Devi ou Saraswatî, soit la personnification de la Parole. Cf., par exemple, la parit du *Rig Véda* appelée « Aitareya Aranyaka » ou encore la *Devi Upanishad*.
[203] *Théâtre complet*, Trad. E. CHAMBRY, Ed. Flammarion, Coll. Garnier-Flammarion, Paris, 1964, 598-599, p. 30.
[204] *Suppliantes* in Théâtre complet, Trad. H. BERGUINET et G. DUCLOS, T. 4, Ed. Flammarion, Coll. Garnier-Flammarion, Paris, 1966, 139, p. 275.

a-t-il pas nécessairement corps ? En outre, la parole divine était-elle composée de syllabes ? S'agissait-il d'une parole sonore ayant un début et une fin, et donc soumise au temps[205] ?

Dans la Kabbale, plus particulièrement le *Sepher Yetsirah*, le *Livre de la Création*, il est soutenu que la puissance divine est concentrée dans le « Nom » de dieu et que le réel fut constitué par la combinaison des 22 lettres de l'alphabet hébraïque, lettres que dieu a créées à partir de sa parole[206].

Ce qui est énoncé par un dieu (latin *fatum*) nécessairement se produit tout comme ce qu'il décrète devient loi (en latin *lex*, de *legere*, « lire » et donc « dire »). Il faut savoir que, de la même façon que *dikè* en grec désigne le droit humain et *thémis* le droit divin, *ius* en latin renvoie à la loi humaine et *fas* à la loi divine transmise par le prêtre. *Fas* vient de *fari*, « parler » et a une valeur religieuse[207] attendu qu'il s'agit de la parole divine qui dicte sa loi au réel.

Chez les Indo-européens, quand le prêtre et le roi ne faisaient qu'un, il est probable que ces deux lois en question étaient confondues[208]. Ultérieurement, lorsque leurs fonctions furent séparées et la souveraineté partagée, l'un et l'autre conservèrent le pouvoir de la parole à ceci près, toutefois, que, eu égard à son contact permanent avec le sacré, la parole du prêtre fut toujours regardée comme nantie de puissance divine et cela en plus grande proportion que la parole royale. Assurément, le roi possédait l'*auctoritas* (de *augere*, « faire sortir ») et, partant, sa parole faisait surgir ce qui auparavant n'était pas, mais le prêtre n'en restait pas moins un *augur*, soit une personne hors du commun dont la parole était pourvue de

---

[205] Cf. *Les Confessions*, Trad. J. TRABUCCO, Ed. Flammarion, Coll. Garnier-Flammarion, Paris, 1964, Livre XI, Ch. VI, pp. 257-258.
[206] H. SEROUYA, *La Kabbale*, Presses Universitaires de France, Coll. Que sais-je ?, Paris, 1972, Ch. III, II, pp 42-44.
[207] Cf. Benveniste, *op.cit.*, Livre 2, Ch. 5, pp. 133-142.
[208] Sur les Indo-européens, consulter le recueil de textes de Georges DUMEZIL, *Mythes et dieux des Indo-européens*, Ed. Flammarion, Coll. Champs/l'Essentiel, Paris, 1992.

force divine[209]. Si on se tourne, en guise d'illustration, du côté de la Grèce archaïque, on s'aperçoit que « Quand le roi, écrit Marcel Détienne, préside l'ordalie, quand il prononce des dits de Justice, il jouit comme le poète, comme le devin, d'un privilège de mémoire grâce à quoi, il communique avec le monde invisible » et que « Comme le poète, comme le devin, le roi est 'Maître de vérité' »[210]. A ceci près que, quoique que chargée d'*Alèthéia*, de Vérité, la parole du roi s'est quelque peu laïcisée et n'est plus que « comme » la parole du prêtre, ce qui montre bien sa perte de puissance.

---

[209] Cf. Benveniste, *op. cit.*, Livre 2, Ch. 6, pp.143-151.
[210] *Les maîtres de vérité dans la Grèce archaïque*, Ed. La Découverte, Coll. Textes à l'appui, Paris, 1990, p. 49.

CHAPITRE III

QU'EST-CE QUE LE BOUDDHISME ?

I/ *Vous avez dit « Bouddhisme »* ?

Le signifiant « Bouddhisme » n'est apparu, pour la première fois, dans notre langue qu'au début du XIXe siècle[211] pour désigner la doctrine de celui qu'on appelait alors « Bodh », « Budh » ou « Bouddou ».

Seulement, ce qu'ignoraient les « spécialistes » de l'époque, c'est que le « Bouddhisme » n'a rien d'un tout unifié tant sont nombreux ses différents visages. Aussi le terme même de « Bouddhisme » est-il un terme générique, une abstraction qui ne désigne rien de précis. En fait, le signifiant « Bouddhisme » n'est jamais que l'hyperonyme de Theravâda, Sautrântika, Sarvâstivâda, Mâdhyamika, Yogâchâra, Tantrayâna, Dhyâna,

---

[211] Au départ appelé « budsdoisme » (1780. Cf. l'article « Bouddha » du *Dictionnaire historique de la langue française*, T. 1, Editions Le Robert, Paris, 1998, p. 459), puis « bouddisme » et « bouddhaisme », l'orthographe actuelle étant celle de Burnouf et datant de 1826. Cf. R.-P. DROIT, *Le culte du néant. Les philosophes et le Bouddha*, Ed. du Seuil, 1997, Paris, p. 25.

etc., soit d'une multitude d'écoles (qu'en sanscrit on désigne généralement par le terme de *nikâya*, « corps de doctrine ») dont le nom n'est que l'un des hyponymes de « Bouddhisme ». Distinguent ces écoles les unes des autres : l'interprétation de tels ou tels points de la doctrine du Bouddha, les pratiques utilisées et/ou la lignée de transmission des enseignements et des pratiques en question. Dans ce dernier cas, on parle en sanscrit de *parampara* (littéralement : « l'un derrière l'autre »). On dit aussi *gourouchisyaparamparâ*, « lignée magistrale de maître à disciple ».

A cela s'ajoute le fait que le « Bouddhisme » correspond à un chemin spirituel fort souple et d'une grande plasticité qui, partout où il s'implanta, sut parfaitement s'adapter à la culture ainsi qu'aux moeurs locales. D'où la grande diversité et les multiples formes d'expression qui le caractérisent, aussi variées que la couleur de la robe des moines qui, de brun-orangé dans les pays du Sud-Est asiatique devient, par exemple, lie de vin dans les régions himalayennes, grise en Corée ou encore noire chez les moines zen japonais. Dispersé en des terres et des langues très diverses, pratiquant des méditations dissemblables, ramifié en une multitude de courants apparemment sans lien, le « Bouddhisme » est, en fait, une spiritualité protéiforme dont il est difficile de saisir l'unité. A croire que *Le* Bouddhisme n'existe pas tant sont variées les traditions que l'on regroupe sous pareil vocable.

Lorsqu'il s'implanta au Sri Lanka, au IIIe siècle avant notre ère, l'enseignement du Bouddha devint le Theravâda. Au 1er siècle de notre ère apparut en Inde le Mahayana, le « Grand Véhicule » qui ne tarda pas à atteindre la Chine, le Vietnam, la Corée et le Japon. Du Mahayana naquit, au IVe siècle de notre ère en Inde, le Tantrayâna ou « Véhicule des Tantras » qui s'exporta sur l'île de Java, au Japon, au Tibet, en Mongolie et en pays Bouriate.

Ceci explique que lorsqu'on avance que « le Bouddhisme est davantage une philosophie qu'une religion », la première question que l'on devrait se poser est de savoir de quel « Bouddhisme » on parle. Du Bouddhisme birman, vietnamien, tibétain, etc. ? Et à l'intérieur de tel ou tel de ces Bouddhismes, de quelle tendance en particulier ? Si l'on prend le Bouddhisme tibétain, par exemple, se réfère-t-on à l'école Nyingmapa, Kagyoupa, Guelougpa ou Sakyapa ? En admettant qu'il s'agisse de la Kagyoupa, parle-t-on de la lignée Dagpo Kagyou, Droukpa Kagyou, Changpa Kagyou ? Imaginons que nous évoquions la première d'entre elles, est-il question, à l'intérieur de celle-ci de la branche Barom Kagyou, Pagmo Kagyou, Karma Kagyou ou Tselpa Kagyou ? On saisit d'emblée la complexité qu'il y a à parler *du* « Bouddhisme ».

Il faut savoir que, d'ordinaire, le « Bouddhisme » se désigne lui-même comme *châsana*, en sanscrit « enseignement », « doctrine », sous-entendu du Bouddha. Alors que les autres voies spirituelles de l'Inde le classent parmi les *darchanas*, faisant ainsi de lui une façon de voir (sanscrit : *darcha*) le monde ou encore un point de vue tels ceux qu'a pu combattre le Bouddha lui-même de son vivant[212].

II/ *Le Quadruple Sommaire*

S'il est vrai que le vocable même de « Bouddhisme » a une extension très large dans la mesure où il s'applique à un très grand nombre d'obédiences distinctes, il n'en est pas moins possible de ramener cette multiplicité à une certaine unité. De quelle façon ? En mettant de côté les aspects particuliers propres à ces différentes tendances pour ne retenir que l'essentiel, c'est-à-dire les points communs. Car malgré le nombre important de ramifications, il existe bel et bien un tronc commun fidèle à la pensée originelle du Bouddha que l'on retrouve au coeur de chaque groupe et sous-groupe, de ce qu'on pourrait appeler d'un nom sanscrit : le « *Bouddhayâna* », la « Voie du Bouddha », proprement dite. Aussi pareille diversité ne doit en aucun cas nous faire perdre de vue les éléments de

---

[212] Voir notre livre *Bouddha. De Siddhârtha Gaoutama à Châkyamouni Bouddha*, Ed. Thélès, Paris, 2008, Ch. 11, pp. 136-137.

base, ou encore le noyau théorique, qui constitue le fondement même de ces innombrables chapelles.

Il n'est, pour le saisir, que de se tourner du côté de ce que les Bouddhistes de tous pays appellent le « Quadruple Sceau » (ou le « Quadruple Sommaire », ou les « Quatre Racines », ou les « Quatre Vues Irréfutables » ou encore les « Quatre Portes de la Libération »), véritable coeur de la Doctrine du Bouddha. Il s'agit là, on l'aura compris, de quatre principes fondamentaux qui constituent le substrat doctrinal du message bouddhique. Or, ce sont précisément ces idées-forces qui distinguent le Bouddhisme des autres *darchanas* ou « vues ».

Pour le Bouddha :
- l'existence est changeante,
- du fait que celle-ci n'est qu'un flux instable où rien ne demeure, elle ne peut qu'être source de douleur et de souffrance,
- tout comme en raison même de son caractère temporel, toute forme d'existence est nécessairement impersonnelle.
- Enfin, quiconque saisit cela gagne la paix de l'esprit, le Nirvâna[213].

Partant, nous pouvons définir le Bouddhisme comme étant :

Une voie spirituelle qui, du point de vue doctrinal, soutient que l'existence est changeante et, de ce fait, engendre douleur physique et souffrance morale, que toute forme d'existence est impersonnelle et, qu'ayant saisi cela, on gagne la Paix du Nirvâna et qui, d'un point de vue pratique, vise à détruire définitivement douleur et souffrance.

---

[213] Voir, par exemple, *Les Vers de la Doctrine (Dhammapada)*, Trad. A. CHEDEL, Ed. Dervy, Coll. Mystiques et Religions, Paris, 1976, XX, 2777, 278, 279, p. 72.

A)   *L'existence est changeante*

Première marque de la parole du Bouddha : *Sarvam anityam*, ce qui signifie en sanscrit « Tout est passager », littéralement : « non-éternel ».

« Tout ce qui est sujet à la naissance, tout cela est sujet à la disparition » aurait soutenu le Bouddha. Chaque existence se déroulant dans le temps, la vie est obligatoirement évanescente. Parce que le temps frappe toute réalité d'instabilité, inévitablement ce qui est élevé s'affaissera, ce qui a débuté prendra fin, ce qui semble uni se séparera, ce qui vit s'éteindra. Aussi tout composé est-il transitoire, tout phénomène changeant. Il n'est rien qui n'échappe à l'oeuvre destructrice du temps, rien qui ne soit invariable, rien qui ne résiste au changement et ne subisse mutation. Qu'on le veuille ou non, le temps est passage. Aussi vivants et phénomènes sont-ils périssables.

Que ce soit de manière évidente ou de façon imperceptible, tout ce qui existe est voué à s'effacer. D'avance, les phénomènes sont destinés à s'évanouir. D'avance, les vivants sont accordés à la mort. Comparable à un fleuve en perpétuel écoulement, le *samsâra* (du verbe sanscrit « *sar* » qui signifie « rouler ») emporte tout avec lui. D'où la fragilité et l'extrême fluidité de ce qui se trouve pris dans les filets du temps.

A noter, au passage, la conception cyclique du temps qui est celle de la civilisation indienne et que l'on retrouve chez le Bouddha. Au gré de celui-ci, tout existant est prisonnier du *samsâra* et se trouve pris dans les rets de la transmigration. Ainsi tout ce qui vit erre-t-il dans une succession d'existences d'une infinie variété. Il n'existe donc aucune transcendance, aucun dieu ou entité supérieure. Même les dieux du Védisme font partis du *samsâra*[214]. Tout vivant a connu et connaîtra encore une foultitude d'existences et donc de mutations.

---

[214]   Cf. le *Mulapariyayasutta* in *Majjhima Nikaa. Les Moyens Discours du Bouddha, Section Mulapariyaya, Suttas 1 à 10*, Trad. J.

Ce qui détermine la nature de ces existences successives n'est autre que la loi du *karma*, la loi de maturation des actes qui régit et perpétue l'univers[215]. Les actes vertueux (sanscrit : *pounya*) du corps, de la parole et/ou de l'esprit ont des conséquences positives, d'eux viennent les existences fortunées ; les actes dépourvus de vertu (sanscrit : *pâpa*) ont des conséquences négatives, d'eux viennent les existences pénibles. « Pour qui crée des actions positives, avance péremptoirement *Le Noble Sanghata Soutra*[216], le bonheur est ce qui advient. Pour qui crée des actions négatives, la souffrance le remplace ». C'est dire que, non seulement notre condition actuelle, bonne, mauvaise ou neutre, est le fruit de nos comportements passés, mais aussi que chacun de nos agissements présents conditionne notre futur. La théorie du *karma* est, on le voit, une simple théorie d'action et de réaction qui proclame qu'il n'est rien d'indépendant. Elle exprime une sorte de justice naturelle, une justice sans juge qui veut que l'effet de nos actes nous revienne, comme l'écho suit notre voix. Le point positif est que si nous sommes le résultat du passé, l'avenir, lui, est entre nos mains. Aussi n'y a-t-il pas de destin, à proprement parler mais uniquement une loi universelle qui fait que de chaque acte effectué, découle l'expérience d'un résultat à peu de choses près similaire.

Prévenu contre la plupart des changements était Bouddha, ceux-ci étant pour lui, comme pour la plus grande majorité des Sages indiens, la cause de nos malheurs. D'où l'intérêt d'immobiliser le corps, la parole et l'esprit, ce qui n'est autre que méditer.

BERTAND-BOCANDE, Ed. Les Deux Océans, Coll. Les Classiques du Canon Bouddhique Pâli, Paris, 1987, Premier Discours, pp. 13-26.
[215] Cf., à ce sujet, le *Sivaka-Sutta* in MÔHAN WIJAYARATNA, *Sermons du Bouddha*, Ed. du Cerf, Coll. Patrimoines, bouddhisme, Paris, 1988, Ch. XV, pp. 141-144.
[216] *Le Noble Sanghata Soutra, Expression de la Doctrine*, Trad. C. CHARRIER, Les Editions Vajra Yogini, Marzens, 2007, p. 13.

B) *L'existence est douleur et souffrance*

Deuxième racine de l'enseignement du Bouddha : *Sarvam doukham*, « Tout est douleur et souffrance », cela en raison même du caractère transitoire de ce qui se trouve dans le temps. Exister, être présent au monde, signifie obligatoirement, on l'a vu, être temporel et donc, selon le Bouddha, être éprouvé dans sa chair et souffrir psychologiquement, en acte ou en puissance. Le simple fait d'être là et d'avoir une durée implique douleur physiologique et souffrance morale, que celles-ci soient réelles ou encore potentielles. « Il n'y a pas une seule forme qui n'entraîne par son changement et son hétérogénéité chagrin, lamentation, tourment, maux et désespoir », aurait proclamé le Maître. Autant dire que nul vivant n'échapperait à la douleur et à la souffrance, et ce parce qu'il n'est de vivant qui ne soit composé d'éléments de durée limitée.

Prisonniers de la douleur et de la souffrance nous sommes, d'une douleur et d'une souffrance qui, en dernière analyse, n'ont rien d'accidentels au motif que la vie est inséparable de la temporalité. Loin d'émaner de l'extérieur et de se greffer à l'existence, douleur et souffrance lui sont inhérentes. Elles ne s'y ajoutent pas, mais en sont tellement indissociables qu'elles concourent même à la définir, en tout cas pour le Bouddha. Aussi notre naissance est-elle la base même de nos douleurs comme de nos souffrances. Venir au monde, tomber malade, vieillir, mourir est douloureux, tout comme se voir obligé de fréquenter ceux que l'on n'apprécie guère, avoir à se séparer de ceux que l'on aime, être confronté à des réalités déplaisantes, ne pas obtenir ce que l'on recherche, occasionnent quantité de souffrances. Tel fut, en fait, le premier enseignement du Bouddha, celui-là même qu'il énonça au Parc des gazelles à Varanasi devant ses cinq premiers disciples[217].

---

[217] Consulter, à ce sujet, Dr. Rewata DHAMMA, *Le premier enseignement du Bouddha*, Trad. T. MONTMARTEL, Ed. Claire Lumière, Vernègues, 1998 et Vénérable SHARTSE TCHEUDJE RINPOCHE LONGRI NAMGYEL, *Les quatre Nobles Vérités du*

Douleur et souffrance furent constatées, pour la première fois, par Siddhârtha Gaoutama lorsqu'il était à peine adolescent. C'était lors de la fête annuelle des semailles, fête au cours de laquelle il observa « un buffle robuste attelé à une charrue guidée par un laboureur à la peau tannée par de longues journées de labeur. Sa main gauche tenait fermement la charrue tandis que la droite agitait un fouet destiné à encourager l'animal. La terre grasse se creusait de deux profonds sillons. D'innombrables vers et autres petites créatures, mutilés par l'implacable couperet, étaient aussitôt repérés par les oiseaux qui fondaient sur eux pour les emporter vers un funeste destin. Siddhârtha vit un rapace plonger et attraper un petit oiseau dans ses serres »[218]. Profondément affecté en fut le jeune Siddhârtha.

Plus tard, lorsqu'à trois reprises, il quittera son palais pour se rendre sur son lieu de naissance, il se retrouvera, à nouveau, confronté à la douleur ainsi qu'à la souffrance sous la forme d'un vieillard complètement cassé par le poids des âges, d'un pestiféré et d'un cadavre inerte. Fort de telles expériences, le jeune prince saisit alors que rien d'impermanent ne pouvait nous offrir entière satisfaction.

Mais, attention, si douleur et souffrance il y a, celles-ci ne débouchent pas sur un quelconque pessimisme, et ce parce qu'il est possible de s'en affranchir. Le Bouddhisme se veut précisément une voie de libération de toute douleur et de toute souffrance. Et il est là, justement, pour nous aider à lutter contre ce que le Bouddha affirmait être notre condition à nous autres existants.

Bouddha ou le yoga du souffle en six points, Trad. F. WANG, Ed. Dervy, Coll. L'essence du sacré, Paris, 1997.
[218] THICH NHAT HANH, *Sur les traces de Siddharta*, Trad. P. KERFORNE, Ed. J.-C. Lattès, Coll. Voyageurs immobiles, Paris, 1996, Livre I, Ch. 6, p. 45.

C) *Toute forme d'existence est impersonnelle.*

Troisième thèse soutenue par le Bouddha : *Sarvam anatman*, « Tout est dépourvu de Soi ». Ce fut là l'essentiel du deuxième sermon prononcé par l'Eveillé, quelques jours après celui donné au Parc des gazelles[219].

Le changement étant par nature défaisant, personne, ne reste égal à soi-même ni ne perdure. Exister équivaut à devenir. Or, par leur mutabilité, les vivants trahissent au bout du compte leur manque d'être, l'« être » étant à prendre ici dans le sens de ce qui s'oppose au changement et dure dans une totale correspondance avec soi-même, bref, ce sur quoi le temps n'aurait aucune prise, c'est-à-dire, somme toute, rien de réel.

Exit du coup l'âme immuable telle que la conçoivent, par exemple, les hindouistes. Rappelons qu'au VIe siècle avant notre ère apparurent en Inde les *Oupanishads*, textes d'inspiration philosophique insistant tout particulièrement sur la notion de Brahman, d'Absolu divin. Omniprésent, impersonnel, sans forme ni attribut serait cet Absolu qui n'est autre que la Réalité Ultime ou encore l'Âme du monde.

Or l'univers et tout ce qu'il contient est une émanation du Brahman. De ce point de vue, chaque dieu de l'Hindouisme (Vichnou, Chiva, etc.) est donc une émanation du Brahman, comme il y a en chacun de nous une part de Brahman : l'*âtman*, soit notre âme individuelle. De ce point de vue, cette entité intrinsèque qu'est notre âme correspond au cœur même de notre personne. Fixe, elle ne fait qu'un, en quelque sorte, avec Brahman, l'âme universelle. Mais encore faut-il en avoir conscience. Partant, la délivrance du *sâmsara* consistera à réaliser vraiment l'identité de l'âme individuelle et de l'âme universelle.

La perspective bouddhiste rejette l'idée d'âme immuable, comme celle d'ailleurs de personne. Soit, s'écrieront certains, mais comment ne pas reconnaître notre présence au monde ? Et

---

[219] Cf. L'*Anattalakkhana-Sutta* in MÔHAN WIJAYARATNA, *Sermons du Bouddha*, *op.cit.*, Ch. XIII, pp. 123-126.

qui oserait affirmer que notre « Ego » n'est pas une donnée immédiate de notre conscience ? Il faut savoir que si le Bouddha n'a jamais nié l'existence du « Moi », en revanche, il n'a bien voulu lui accorder qu'un caractère purement phénoménal. Le « Moi » apparaît certes, mais derrière cette apparence il n'est rien de permanent. Si présence il y a au monde, celle-ci ne s'organise guère autour d'un sujet fixe. Bien entendu, nous avons tous un vécu personnel qui nous est propre, un passé qui ne concerne que nous et, de fait, le sentiment intime d'une unité subjective ainsi que l'impression d'une continuation à travers le temps. Toutefois, nous n'avons pas pour autant de « Moi » singulier et durable. Le fait de se-sentir-soi-même ne prouve pas notre « égoïté ». A tous moments, nos idées, comme nos sentiments, se modifient. Notre caractère, comme nos goûts, évoluent. Différent d'un instant à l'autre, l'esprit n'a vraiment rien de stable. Tel un singe sautant de branche en branche, il passe par une succession d'états multiples et variés.

De même, n'y a-t-il rien qui ne reste inchangé dans le corps. En tant que forme matérielle, le changement constant est la "nature" même du corps. Autant dire que l'unité de la personne est purement nominale et fonctionnelle. Mais alors, si ni l'esprit, ni le corps ne sont l'essence de l'individu, qu'est-ce que la personne ?

Une mosaïque de forces physiques et mentales en perpétuel mouvement, répondra le Bouddha juste après son premier sermon sur les Quatre Vérités des Nobles[220], c'est-à-dire une suite de combinaisons fugitives dont l'apparente continuité est totalement factice. Ou encore : la somme d'agrégats momentanés et on ne peut plus impersonnels.

Quels sont ces agrégats (*skandha*, en sanscrit) ? D'abord, celui de la matière et de la forme, soit un corps (*roupa*) constitué de la combinaison de terre (os, cartilages, ongles, dents…), d'eau (sang, sperme, urine, salive…), de feu (chaleur

---

[220] Voir notre livre *Bouddha. De Siddhârtha Gaoutama à Châkyamouni Bouddha*. Ed. Thélès, Paris, 2008, Ch. 11, pp. 123-141.

intérieure), d'air (air interne ou respiration), corps auquel s'ajoute un esprit. Ensuite, celui des sensations (*vedâna*) qui naissent du contact des cinq sens avec les objets extérieurs. De ces sensations dérivent des perceptions (*samjna*), fruits d'un travail intellectuel d'interprétation et de classement des informations sensorielles. Si une sensation n'est, en définitive, que la réaction biologique d'un organe sensoriel à une stimulation externe ou interne, une perception, elle, est déjà une forme de connaissance et non un simple enregistrement passif de la réalité. Aux perceptions s'adjoignent nos imprégnations karmiques (*samskâra*), les forces opérantes du *karma* issues des divers actes accomplis par le corps, la parole et l'esprit tout au long de nos vies antérieures, lesquels ont tous ont laissé une trace (*vâsanâ*). Enfin, huit consciences différentes, du moins si l'on suit l'école Yogachara, fondée au IVe siècle de notre ère par Asanga et soutenue largement par son demi-frère Vasubandhu. Ces huit consciences se décomposent de la façon suivante :

- les cinq consciences sensorielles (visuelle, auditive, olfactive, gustative et corporelle),

- les dispositions mentales aperceptives ayant pour objet les phénomènes mentaux (concepts, catégories…) créés à partir des perceptions mais aussi l'esprit lui-même (= conscience réflexive).

- la conscience dite « émotionnelle » (*klistamanas*), soit la conscience mentale précédente voilée par la croyance erronée en un « moi », l'orgueil ou estime excessive de « soi » qui fait que l'on se croit supérieur aux autres et, enfin, l'amour démesuré de sa Majesté l'« ego ». De ces trois erreurs découlent colère, haine, jalousie, désirs mondains et autres souillures. Cette conscience qui appréhende un « moi » unitaire à tout moment et place celui-ci au centre du monde est, de ce fait, l'obstacle majeur à l'Eveil.

- la conscience de base ou conscience primordiale (*âlayavidjnâna*)²²¹, soit l'élément transmigrant, l'esprit subtil qui porte toutes les empreintes de nos actes, les *samskâra*, et passe de vie en vie. En elle s'imprime notre *karma*. D'où son nom de « porteur du fardeau ». Réservoir des semences karmiques qui ne peuvent que mûrir un jour ou l'autre, c'est elle qui renaît sans cesse et fait qu'il y a re-devenir ou réincarnation.

Tels sont donc les cinq constituants psycho-physiques qui font qu'une « personne » n'est jamais que la réunion passagère d'éléments divers qui, une fois séparés, font que la dite « personne » n'existe plus en tant que telle. « La Forme, ô moines, n'est pas le Soi (…). La sensation, ô moines, n'est pas le Soi (…). La perception, ô moines, n'est pas le Soi (…). La tendance habituelle, ô moines, n'est pas le Soi (…). La conscience, ô moines, n'est pas le Soi (…). La forme est impermanente (…). La sensation est impermanente (…). La perception est impermanente (…). La tendance habituelle est impermanente (…). La conscience est impermanente »²²².

Certes, il y a bien la conscience de base qui semble résister au temps et qui, du coup, pourrait être prise pour l'équivalent d'une entité perdurante. On l'a vu, s'il y a bien, au moment de la mort, destruction des cinq agrégats, les *samskâra* et l'*âlayavijnana* demeurent.

---

²²¹ Les Tibétains parlent de « Claire Lumière », de « conscience subtile », de « conscience réservoir », de « conscience d'acquisition », de « conscience-support », de « conscience-site », de « conscience de maturation complète », de conscience-condition », de « conscience fondamentale » ou encore de « conscience racine ». Cf., par exemple, Ghéshé KELSANG GYATSO, *Le Mahamoudra du Tantra, Une introduction à la méditation du tantra*, Ed. Tharpa, 2008 et THRANGOU RINPOCHE, *Le Traité des 5 Sagesses et des 8 Consciences*, Trad. Tashi TCHEUDREUN, Ed. Claire Lumière, Saint-Cannat, 2007, p. 25 et pp. 95-101.

²²² *Anattalakkhana-Sutta* in *Sermons du Bouddha, op.cit.*, Ch. XIII, pp.123-124.

C'est ce que laisse entendre, par exemple, un éminent Lama tibétain quand celui-ci écrit qu'il y a « deux types de soi : un soi grossier et un soi subtil (…). La mort se produit lorsque le corps et l'esprit se séparent (…). Seul le soi grossier peut mourir. Ainsi, de ce point de vue, il n'y a aucune raison d'avoir peur de la mort, car notre soi réel ne mourra jamais »[223].

Le Soi grossier, dont il est ici question, renvoie aux cinq agrégats, conscience primordiale exceptée. Ce sont ces cinq agrégats qui, d'ordinaire, constituent la base même d'imputation de ce que nous croyons être notre « Moi ». Etant à l'origine de notre saisie d'un « Moi », ceux-ci sont dits « agrégats d'attachement » ou encore d'«appropriation ». La non compréhension de ce à quoi ils correspondent vraiment, à savoir de simples agrégats matériels et mentaux agissant de façon interdépendante, fait que bon nombre d'entre nous prennent alors leur corps et leur esprit pour leur « Moi ». La preuve en est que lorsque nous souffrons dans notre chair, nous proclamons « **j**'ai mal » et que lorsque nous sommes malheureux, nous disons « **je** n'ai pas le moral ».

Quant au Soi subtil, il n'est autre que l'association d'un corps subtil ou « corps adamantin » composé de canaux (*nâdi*), gouttes essentielles (*bindu*), souffles subtils (*vâyu*, supports de nos états de conscience et de nos émotions)[224] et d'un esprit subtil, la fameuse conscience primordiale, seule entité à survivre à la mort car sans commencement ni fin. Seulement, il ne faudrait pas perdre de vue que cette conscience primordiale se trouve privée d'existence autonome et subit, à sa façon, les affres du temps. En fait, pas plus continue que discontinue, la conscience primordiale ressemble au courant d'un fleuve ou encore à un nuage changeant continuellement de formes vu que

---

[223] Ghéshé KELSANG GYATSO, *Les Terres et les Voies tantriques. Comment s'engager et progresser dans la voie vajrayana, et la mener à terme*, Ed. Tharpa, 2009, p.212.
[224] Consulter, par exemple, Geshe KELSANG GYATSO, *Claire Lumière de Félicité. Le Mahamudra dans le Bouddhisme du Vajrayana*, Trad. G. DRIESSENS, Ed. Dharma, 1986, Ch. 1, pp. 29-44.

son contenu, les semences des *samskâra*, sont en perpétuelle mutation.

C'est pourquoi, on peut véritablement affirmer que ce que l'on prend habituellement pour notre « Moi » se résume, bel et bien, à une combinaison de phénomènes physiques et mentaux en mutation constante. Partant, chaque être humain n'est jamais qu'un composé impermanent perdu dans un océan d'impermanence. Rien d'étonnant alors à ce que les sages bouddhistes utilisent, pour désigner l'Homme, du terme sanscrit « *Santati* », le « Flux ».

Un texte tibétain établit la comparaison suivante : « Une personne ressemble à une assemblée composée d'une quantité de membres. La discussion ne cesse jamais. Parfois, un de ses membres se lève, prononce un discours, préconise une action ; ses collègues l'approuvent et il est décidé qu'il sera fait suivant ce qu'il a proposé. D'autres fois, plusieurs membres de l'assemblée se lèvent ensemble, proposent des choses différentes et chacun d'eux appuie ses propositions sur des raisons particulières. On en vient à se battre entre collègues. Il advient aussi que certains membres de l'assemblée la quittent d'eux-mêmes ; d'autres sont graduellement poussés au-dehors et d'autres, encore, sont expulsés de force par leurs collègues. Pendant ce temps, de nouveaux venus s'introduisent dans l'assemblée, soit en s'y glissant doucement, soit en enfonçant les portes. On remarque encore que certains membres de l'assemblée dépérissent lentement ; leur voix devient faible, on finit par ne plus l'entendre. Au contraire, d'autres qui étaient débiles et timides se fortifient et s'enhardissent et finissent par s'instituer dictateurs. Les membres de cette assemblée, ce sont les éléments physiques et mentaux qui constituent la 'personne' ; ce sont nos instincts, nos tendances, nos idées, nos croyances, nos désirs, etc. »[225].

---

[225] Cité par G. BUGAULT in *L'Inde pense-t-elle ?*, Paris, Ed. P.U.F., Coll. Sciences, Modernités, Philosophies, 1994, Ch. VI, pp. 189-190.

On l'aura compris, enveloppé par le temps, chaque composé est transitoire. A tout instant, telle ou telle forme vivante se modifie. Nous croyons percevoir en nous une sorte de noyau essentiel capable de rester le même alors qu'il en va autrement. C'est là une illusion ontologique dont nous sommes victimes par peur sans doute d'admettre qu'il n'est rien qui ne soit constant. A chaque minute, « Je » devient autre. Partant, loin de constituer un fait, l'Etre n'est jamais qu'une fiction, ce que renforce, à sa façon, la thèse réincarnationiste.

Il faut ici souligner que la réincarnation, telle que l'envisageait le Bouddha, n'était absolument pas perçue comme renaissance d'un « ego » individuel. Bien au contraire. On l'a vu, ce que l'on prend pour notre « ego » n'est qu'un complexe somato-psychique qui n'acquiert d'existence temporaire que par la réunion momentanée de causes et conditions bien précises. Rien, ni personne n'est, à proprement parler, autonome ou indépendant. Tout se produit et se modifie en interaction avec autre chose. Sans facteurs causaux, aucune présence au monde ne serait possible. Or, ces facteurs causaux sont eux-mêmes produits par d'autres facteurs causaux, et ainsi de suite. C'est pourquoi, on peut affirmer sans se tromper qu'il n'existe pas d'existence inhérente. De produits sans cause, il n'est point, pas plus que de produits autoproduits ou de produits issus de causes elles-mêmes auto-produites.

Mais malgré cela, nous avons tendance à saisir un « Moi » auto-suffisant, totalement indépendant des ses composants. On croit alors en un « Je », maître et possesseur de ses éléments constitutifs. Ce « Je » s'imagine être le propriétaire des agrégats et pense que ceux-ci se trouvent à l'extérieur de lui. Sous l'emprise de l'ignorance, il se conçoit donc comme indépendant de ses éléments et se considère comme une unité dépourvue de parties. S'attachant aux agrégats, sans lesquels il ne serait pas présent au monde, il se prend pour un « Moi » autonome. Or faute de comprendre l'absence de « Soi », il se retrouve, du coup, condamné à "douloir", comme on disait autrefois, et à souffrir.

D) *La Paix du Nirvâna.*

Quatrième clef du Bouddhisme : En suivant l'impératif bouddhique qui ordonne de « Faire en sorte de ne jamais prêter une quelconque réalité ontologique au pseudo « Moi », on s'éveille au Nirvâna, l'Au-delà des peines. C'est-à-dire qu'une fois débarrassé de l'idée erronée d'un « Moi » continu, on gagne la tranquillité de l'esprit et l'on n'est plus sujet ni à la douleur ni à la souffrance. Le malheur de l'Homme découle principalement de sa soif de permanence, soif qui elle-même vient de sa croyance en un « Moi » véritablement substantiel et, de ce fait, invariable.

Que l'on nous comprenne bien, il n'est point question, pour le Bouddha, d'annihiler le « Moi » vu qu'il n'est point de « Moi ». S'il y a une annihilation, c'est celle de l'illusion phénoménologique qui donne la fausse idée d'un « Moi ». C'est pourquoi, on peut dire que le Nirvâna n'est, au bout du compte, que l'extinction de la vie égocentriste et correspond à un état de délivrance résultant de la dissolution de cette fiction que constitue Sa Majesté l'« Ego ».

Si aujourd'hui le Nirvâna passe pour un paradis, une sorte de règne de la félicité éternelle ou de séjour divin, il était naguère confondu, par les Occidentaux, avec le Néant. Ainsi Barthélemy Saint-Hilaire écrivait-il – il est vrai en 1860 – que « Le Nirvâna, ou le néant, est une conception monstrueuse qui répugne à tous les instincts de la nature humaine, qui révolte la raison, et qui implique l'athéisme »[226] ou encore : « Si ce n'est pas là le néant, qu'est-ce donc que le Nirvâna ? »[227]. Et pourtant. Pas plus que l'Être, n'est le Néant. Du reste, parler de « Néant » reviendrait à le faire être, ce qui est une contradiction en soi !

---

[226] J. BARTHELEMY SAINT-HILAIRE, *Le Bouddha et sa religion*, Paris, Ed. Didier, 1860, Première Partie, Ch. V, p. 177.
[227] *Ibid.*, Ch. IV, p. 139.

Le « nirvâné » n'a pas forcément quitté notre monde. Il peut être tout à fait présent au monde, bien vivant, comme on dit[228]. Mais c'est, ni plus ni moins, un « individu » libéré de la croyance en un « Moi », et capable, de ce fait, d'agir sur fond de vacuité, soit de façon non-subjective. Quelqu'un alors à même d'apprécier toute réalité et d'en jouir dans le sens le plus pur sans aucune projection de son pseudo « Moi ».

Débarrassé de tout désir égoïste, un Eveillé vit alors sans aucune fixation, sans aucun regret ni projection. Pleinement présent au présent de la présence, il est, ici et maintenant se concentrant sur l'instant de façon à goûter en paix, sans projets ni souvenirs, le bien-être vital. « La vigilance est le sentier de la vie éternelle ; la négligence est le sentier de la mort. Les vigilants échappent à la mort ; les négligents sont déjà morts », aurait proclamé le Bouddha[229]. Ce à quoi on pourrait ajouter qu'il n'est plus, pour les vigilants, ni douleur, ni souffrance et que veillant, parmi les non-éveillés, ils ne peuvent éprouver, pour ceux-ci, qu'une infinie compassion[230].

Telles sont donc les quatre thèses (*caturlakchana*) que l'on retrouve au sein de toutes les écoles bouddhiques, leur dénominateur commun, en quelque sorte. Comme l'a proclamé le sage bouddhiste Longchen Rabjam (1304-1363), dans *Le Trésor du véhicule suprême*[231] : « Les quatre méprises sont, alors que l'on ignore la nature semblable à un rêve des apparences trompeuses du *samsâra*, de prendre pour éternel ce qui est impermanent ; de prendre pour réel ce qui n'est pas vrai ; de prendre pour plaisant ce qui n'est qu'une cause de

---

[228] Cf. *Ekottarâgamasûtra* in *Paroles du Bouddha tirées de la tradition primitive*, Trad. J. ERACLE, Editions du Seuil, Coll. Points, Série Sagesses, Paris, 1991, V, § 11, pp. 156-157.
[229] *Les Vers de la Doctrine (Dhammapada)*, Trad. A. CHEDEL, Ed. Dervy, Coll. Mystiques et Religions, Paris, 1976, II, 22.
[230] *Ibid.*, 28.
[231] Cité par P. CORNU in PADMASAMBHAVA, *Le livre des morts tibétain. La Grande Libération par l'écoute dans les états intermédiaires. Bardo Thödröl Chenmo*, Ed. Buchet Chastel, Paris, 2009, I, p. 64.

souffrance ; de se saisir des caractéristiques de la réalité là où tout est naturellement vide. A cela, le Vainqueur a opposé les quatre préceptes du Dharma en guise d'antidote, qu'il a enseignés afin de guider les individus ».
Qu'en est-il d'un point de vue pratique ?

E) Comment détruire douleur physique et souffrance mentale ?

Il existe, au sein des différentes écoles bouddhiques, trois types de pratiques méditatives qui toutes doivent, à terme, mener à la suppression définitive de la souffrance et la douleur :

- La méditation réflexive ou analytique[232] portant sur un sujet donné (impermanence, structure défectueuse du *samsâra*...),
- La méditation dite « sans forme » ou « sans support » visant à placer l'esprit dans son état naturel sans distraction aucune,
- La méditation « avec formes » ou « avec supports » (divinités, mandalas...).

Ces techniques intérieures, mises au point par le Bouddha et par ses successeurs, ont pour enjeu ultime de libérer le pratiquant de ce qui lui interdit l'accès au Bonheur ultime, à savoir la croyance erronée en un « ego » cohérent et les perturbations mentales qui en découlent (orgueil, jalousie, haine, colère, avidité, attachement, etc.).
N'oublions pas, qu'au gré du Bouddha, chaque vivant est un Eveillé qui s'ignore et que la Perfection, de ce fait, est latente en lui. A l'image du Soleil qui, bien que continuellement présent, se trouve parfois obscurci par des nuages (ici les perturbations internes), les qualités de l'insurpassable Eveil sont donc, en fait, inscrites depuis toujours en nous. C'est pourquoi,

---

[232] Les soutras, textes bouddhistes du Hinâyâna, parlent de « méditation du pandit », un « pandit » étant, en Inde, un érudit.

notre vrai visage est un visage parfait et heureux (comme celui du Bouddha !). Toutefois, ce visage est, pour la plupart d'entre nous, recouvert de voiles – les états négatifs de l'esprit – qui l'empêchent de se manifester librement.

Contrairement à ce que l'on pourrait croire, la Sagesse ne consiste pas à acquérir quoi que ce soit qui nous manquerait, mais à se débarrasser du nœud contraignant de la saisie de l'« ego » et à contrecarrer les afflictions mentales adventices. Alors seulement, pourront se révéler les qualités éveillées qui, pour le moment, sommeillent en nous. Enlever, éliminer, supprimer et non ajouter ou adjoindre, voilà en quoi consiste le vrai travail sur « soi ». Ne perdons pas de vue que, telle notre ombre, la Présence éveillée nous accompagne de toute antiquité. Partant, qui veut être Sage et s'éveiller à sa propre nature n'a point à se parer de vertus. La Perfection est là depuis toujours, à la semblance d'un « joyau de grande valeur enveloppé dans des haillons sales, complètement enveloppé par les oripeaux des agrégats, des éléments et des sources des sens, paraissant souillé par les immondices du désir, de l'aversion, de la stupidité et des fictions mentales, et pourtant éternel, stable et immuable »[233].

On l'aura compris, à proprement parler, on n'atteint pas la Perfection, mais on la manifeste. Amour, compassion, patience, courage, générosité sont toujours déjà-là. C'est pourquoi, en définitive, il n'est rien à ajouter. Les vertus d'un Bouddha sont à révéler non à acquérir. Pure, car libre de toute confusion, est notre nature primordiale. Cela signifie que chacun d'entre nous recèle en « soi » le potentiel de présentifier les qualités qui font la Perfection. A nous de reconnaître celle-ci et de la laisser se manifester. Certes, nous sommes présentement la proie de moult tendances conflictuelles. Cependant, cela ne doit pas nous faire perdre de vue que les qualités de l'Eveil nous sont

---

[233] *Lankâvatârasûtra*, Ch. II, 28 cité par P. CORNU in *Le Livre des morts tibétain. La Grande Libération par l'écoute dans les états intermédiaires. Bardo Thödröl Chenmo*, *op., cit.*, Introduction, p.39.

bel et bien inhérentes et cela même si pour l'heure notre conscience éveillée semble aveuglée par la confusion.

Pour réaliser cela, le pratiquant dispose, avons-nous déclaré, de trois techniques distinctes et, néanmoins, complémentaires[234]. Quelle que soit la technique adoptée, le pratiquant se doit de prendre la posture dite en sept points : jambes croisées en lotus, mains juste en dessous du nombril, paume gauche sous paume droite, les pouces se touchant, colonne vertébrale droite, épaules horizontales, menton légèrement rentré, yeux mi-clos dirigés vers le sol, pointe de la langue contre le palais supérieur. C'est dans cette posture même qu'à Bodh Gayâ, en Inde, Siddhârtha Gaoutama parvint à dégager la nature de Bouddha enfouie au fond de lui, comme de tout vivant.

La méditation analytique, méditation s'appuyant principalement sur l'intellect, consiste à décortiquer un thème évoqué, en son temps, par le Bouddha. Prenons, en guise d'illustration, l'impermanence.

L'univers et tout ce qu'il contient est transitoire, aussi fragile qu'une bulle d'eau. Enveloppé par le temps, chaque composé est fugitif, chaque phénomène changeant. A tout instant, telle ou telle forme vivante se modifie. A tout moment, telle ou telle chose devient autre qu'elle-même. Nous pensons saisir du subsistant autour de nous tout comme nous croyons percevoir en nous une sorte de noyau essentiel capable de rester le même alors qu'il n'en est rien. C'est là une illusion ontologique[235] dont nous sommes victimes par peur sans doute d'admettre qu'il n'est rien qui ne soit constant.

Apparemment, le bureau devant lequel je suis assis, comme moi-même, semblent rester fixes. En réalité, il n'en est rien. Imperceptiblement, il y a usure de mon bureau tout comme à

---

[234] Signalons que toutes les écoles bouddhistes ne reconnaissent pas cette complémentarité.

[235] Les bouddhistes distinguent généralement l'impermanence subtile, que l'on ne peut que déduire d'un raisonnement logique (comme dans le cas de l'« ego » ou du bureau), de l'impermanence grossière, perceptible par les sens.

chaque minute « je » deviens autre (qui perd 100 millions de cellules toutes les 60 secondes ne peut être dit le même !). Par où l'on voit qu'il n'est rien qui ne s'érode quotidiennement et ne soit appelé à s'effacer. D'avance, les phénomènes sont destinés à disparaître. D'avance, les vivants sont accordés à la mort. Partant, loin de constituer un fait, l'Etre n'est jamais qu'une fiction. C'est ce que rappellent les fleurs offertes sur les autels ou encore les instruments rituels en os du Bouddhisme tibétain.

Ces réflexions sur l'impermanence universelle doivent aider le bouddhiste à se détourner du cycle des existences, à lâcher prise ainsi qu'à intégrer l'idée de non-Soi des phénomènes et des personnes.

La méditation « sans forme » ou « sans support » équivaut à laisser passer émotions et pensées. En temps normal, notre mental a tout d'un singe passant de branche en branche. A chaque instant, une émotion et/ou une pensée suit l'autre. Or, il se trouve qu'étant tellement habitués à pareil phénomène nous n'y prêtons même plus attention. En revanche, quiconque pratique la méditation « sans forme » va prendre conscience de la foultitude des émotions et des pensées qui le traversent et, plutôt que de suivre celles-ci, va tenter d'en devenir spectateur. Que l'on nous comprenne bien, il n'est point question ici d'essayer de ne plus éprouver d'émotion et d'arrêter de penser, de « faire le vide dans sa tête », comme on dit souvent. Ressentir des émotions et avoir des pensées est plutôt bon signe vu que tant que nous sommes vivants, nous avons une activité cérébrale. Notre cerveau contient quelques 50 milliards de neurones connectés par près de 10 puissance 14 synapses. Il est vrai que, dès l'âge de 25 ans, nous perdons de façon définitive cent mille neurones par jour, seulement, il nous en reste bien assez pour aller jusqu'au bout de notre vie.

Donc, nous possédons rien moins que 50 milliards de neurones fonctionnant en permanence, dont il serait absurde de vouloir stopper l'activité. En outre, chercher à arrêter les pensées, équivaudrait encore à penser !

Lorsqu'on médite, l'esprit est, bien entendu, toujours actif. Toutefois, on s'efforce de laisser glisser les formations mentales (idées, perceptions, émotions conflictuelles...) comme nuages dans le ciel. On laisse celles-ci apparaître puis, disparaître d'elles-mêmes. Partant, on devient, en quelque sorte, spectateur de sa propre activité mentale. Tel un miroir, l'esprit reçoit mais ne retient plus les pensées. Ainsi finissent-elles, au bout d'un moment, par s'espacer avant de s'effacer sans laisser de trace. Un célèbre Maître Zen, notait à ce sujet, que la pensée du pratiquant est alors « une pensée sans pensée »[236].

En résultera une véritable distanciation par rapport à nos formations mentales. Force est d'admettre qu'en règle générale, nous avons tendance à nous identifier à nos émotions ainsi qu'à nos pensées et à nous accrocher à celles-ci, précisément parce qu'elles sont nôtres. Or là, pour une fois, nous allons mettre de côté notre conscience personnelle et notre pseudo « Moi ». Nous allons, pour ainsi dire, penser sans « ego » ce qui aura pour effet ultime de vaincre la saisie de ce que nous prenons pour notre « ego ».

En outre, cela va favoriser en nous la disparition des tendances conflictuelles. En maintenant l'esprit en son état éveillé, nous retrouverons sa pureté originelle et nous ne serons plus troublés par quoi que ce soit. La saisie d'un soi, là où il n'y en a pas, étant la cause principale du développement des émotions perturbatrices, détruire la saisie du soi aura pour effet d'éradiquer les émotions conflictuelles ainsi que leurs empreintes.

Autre technique pour dépasser le chérissement du pseudo « soi » et surmonter les forces négatives : la méditation « avec formes » ou « avec supports ». Prenons le cas des pratiques utilisant comme support des divinités. Il faut savoir qu'au IXe siècle de notre ère des érudits des monastères indiens de Nalanda, Odantapouri, Somapouri ou encore Vikramaçila matérialisèrent différentes qualités d'un Bouddha ou d'un Eveillé (compassion, connaissance, pureté, énergie, etc.) sous la

---

[236] Hakuin Ekaku (1686-1769), le réformateur japonais de l'Ecole Zen Rinzaî.

forme de divinités. La divinité Avalokitechvara incarnera ainsi la compassion, Mandjousri la connaissance, Vadjrasattva la pureté, Vadjrapani l'énergie, etc.

Chaque divinité fut alors dotée d'un sexe, d'un aspect paisible et d'une apparence courroucée, d'une couleur, d'un certain nombre de visages, de bras et de jambes, de différents attributs, d'un *mantra*... Ne reste plus au méditant qu'à se visualiser sous la forme de la divinité de son choix et de s'identifier, par-là même, à telle ou telle qualité. Devenant, en quelque sorte, cette qualité, toutes les autres seront censées suivre, quelqu'un de compatissant étant forcément pur, plein d'énergie, etc.

CHAPITRE IV

OU SITUER LE BOUDDHISME ?

I/ *Le Bouddhisme est-il une philosophie ?*

Si l'on entend par « philosophie » un mode de vie particulier, une façon d'être au monde dictée par une certaine vision des choses, alors effectivement le Bouddhisme est bien une philosophie. Mais, au même titre que n'importe quelle autre religion. Car dans son souci d'englober la majorité des sphères de l'activité humaine et de contrôler les moindres détails de la vie quotidienne – naissance, alimentation, sexualité, habitat, mort, etc. – chaque tradition religieuse exige, de la part de ses fidèles, des comportements bien précis. Un Juif, un Chrétien, un Musulman, un Hindouiste, ne mène-t-il pas, au même titre qu'un Bouddhiste, une existence déterminée et n'a-t-il pas un style de vie et un code de conduite que lui dictent ses convictions religieuses ? C'est que toute religion façonne l'identité de ses membres à partir de la vision qu'elle se fait du monde et des valeurs qu'elle entend promouvoir. Rien d'étonnant alors à ce qu'elle influe sur la conduite ainsi que sur le caractère de la personne.

Un croyant est-il plus sage, soit plus savant et plus mesuré qu'un non-croyant ? Il nous est permis d'en douter. Assurément, il dispose de réponses à un certain nombre de questions essentielles. Toutefois, les religions fournissant du prêt-à-penser et proposant souvent des réponses avant même qu'il y ait eu questionnement personnel, celles-ci inhibent davantage le jugement qu'elles ne le fortifient. Non sans humour, P. Valéry signalait qu'« Une religion fournit aux hommes, des mots, des actes, des gestes, des 'pensées' pour les circonstances où ils ne savent que dire, que faire, qu'imaginer »[237]. Et puis, comme l'indique A. Comte-Sponville, toute religion a tendance à « expliquer quelque chose que l'on ne comprend pas – le monde, la vie, la conscience – par quelque chose que l'on comprend encore moins »[238] : Dieu, l'Atman-Brahman, le Tao, la Vacuité... Par ailleurs, pour ce qui est de la morale, bon nombre de religieux sont convaincus que sans religion, ou plus exactement sans *leur* religion, on ne saurait asseoir de principes moraux dignes de ce nom. Mais, c'est oublier qu'il existe des morales athées qui rejetant toute forme de croyance ne s'appuient que sur des principes rationnels. L'éthique n'est-elle pas l'un des grands champs de la philosophie ?

Maintenant, si nous nous tournons en direction de la philosophie au sens technique du terme, celle-là même dont nous avons déclaré que, née de l'étonnement, elle est problématisation du réel et création de concepts à dessein de saisir l'essence de la réalité qui est la nôtre, pouvons-nous qualifier le Bouddhisme de « philosophie » et le Bouddha de « philosophe », tout en sachant qu'il n'existe pas de décalques sanscrits des mots grecs *philosophia* et *philosophos* ?[239]

Dès 1817, Michel-Jean-François Ozerai reconnaissait à « Bouddou », c'est-à-dire au Bouddha, la qualité de

---

[237]   *Cahier B 1910* in *Tel quel I, op. cit.*, p. 259.
[238]   *L'esprit de l'athéisme. Introduction à une spiritualité sans Dieu*, Ed. Albin Michel, Paris, 2006, II, p. 113.
[239]   Cf. Guy BUGAULT, *L'Inde pense-t-elle ?*, Ed. Presses Universitaires de France, Coll. Sciences, modernités, philosophies, Paris, 1994, Ch. I, § 2, pp. 22 et 24.

« philosophe distingué ». C'est que, pour lui, « Bouddou » était un homme qui, ne s'appuyant que sur la raison, était parvenu à mettre au point une doctrine philosophique et une morale à vocation universelle[240]. Pourtant, un demi-siècle plus tard, J. Barthélemy de Saint-Hilaire écrira que « Bien que Châkyamouni soit un philosophe, et qu'il n'ait jamais prétendu être autre chose, on aurait tort d'attendre de lui un système méthodique et régulier »[241]. Ou encore que « (…) la morale et la métaphysique de Châkyamouni se résument en quelques théories fort simples, quoique très fausses »[242]. Qu'on se le dise donc, si le Bouddha se prenait pour un philosophe ce n'était, *in fine*, qu'un bien piètre penseur. Son erreur principale : sa méconnaissance de l'Homme[243].

Qu'en est-il à présent ? En fait, la question ne semble même plus se poser tant il paraît évident à nos contemporains que le Bouddha est bel et bien un philosophe et le Bouddhisme une philosophie. Il faut se remémorer qu'en 1958, J. May, le spécialiste du Bouddhisme *Mahâyâna* ou « Grand Véhicule », publiait un ouvrage important sur *La Philosophie bouddhique de la vacuité*[244]. Puis, qu'en 1970, est paru, dans la collection « Que sais-je » des Presses Universitaires de France, *Les Philosophies de l'Inde* de J. Filliozat[245]. Or sur les six chapitres consacrés aux différents systèmes "philosophiques" indiens, un chapitre entier traitait alors du Bouddhisme[246]. Vingt-cinq ans plus tard, toujours dans la collection « Que sais-je », on pourra trouver, d'Emmanuel Guillon, *Les Philosophies bouddhistes*[247] et aux Editions de la Sagesse *La philosophie du Bouddha* de

---

[240] Cf. R.-P. DROIT, *op. cit.*, Première partie, Chapitre 2, pp. 61-70.
[241] J. BARTHELEMY SAINT-HILAIRE, *Le Bouddha et sa religion*, Paris, Ed. Didier, 1860, Première Partie, Ch. III, p. 79.
[242] *Ibid.*, Ch. IV, p. 140.
[243] *Ibid.*, Introduction, p. XXII.
[244] Ed. Verlag für Recht und Gesellschaft.
[245] N° 932.
[246] Le chapitre III, pp. 32-50.
[247] N° 3003.

Môhan Wijayaratna. Plus proche de nous dans le temps, citons enfin l'ouvrage collectif intitulé *La Philosophie du Bouddhisme. De la paix en soi à la paix du monde*[248]. Et ce ne sont là que quelques titres.

Revenons à notre définition de la philosophie. L'étonnement, avons-nous avancé, est le sentiment philosophique par excellence. Or de l'étonnement, Siddhârtha Gaoutama a indubitablement fait l'expérience notamment à l'occasion de ce que les Bouddhistes appellent les « Quatre Rencontres ».

Rappelons que celui qui allait devenir le « Bouddha » naquit approximativement en 563 avant notre ère, dans une caste aristocratique du sud de l'actuel Népal, au sein de la tribu des Chakyas. Il eut pour parents la reine Mâyâ et le roi Souddhodana, alors chef du clan des Chakyas. A sa naissance, le jeune prince reçut le nom de « Siddhârtha ». Durant toute son enfance, le roi Souddhodana fit en sorte d'éviter à son fils l'hideux spectacle de la douleur et de la souffrance humaine. Tout alla pour le mieux dans le meilleur des mondes possibles jusqu'au jour où le jeune Siddhârtha découvrit que le bonheur dans lequel il vivait était illusoire, cela, suite à quatre sorties qu'il effectua hors du palais, sorties au cours desquelles il croisa un vieillard décrépit, un malade, un cadavre et un ascète. C'est alors qu'il prit conscience de la misère humaine et décida d'y mettre un terme[249].

L'étonnement qu'éprouva Siddhârtha modifia de fond en comble son rapport au Réel. Dès lors, son problème majeur fut le suivant : De quelles façons éradiquer définitivement douleur physique et souffrance mentale ? Or, résoudre un tel problème supposait que Siddhârtha arrivât à isoler les racines mêmes de la douleur et de la souffrance. Ce à quoi il parvint lorsqu'il manifesta l'insurpassable Eveil parfaitement accompli. A compter de ce jour, celui qu'on allait dorénavant considérer

---

[248] Ouvrage collectif aux éditions Scali, 2008.
[249] Pour une analyse détaillée de la vie du Bouddha, voir C. RICHARD, *Bouddha. De Siddhârtha Gaoutama à Châkyamouni Bouddha*. Ed. Thélès, Paris, 2008.

comme un Eveillé, un Bouddha, sut comment remédier à la douleur physique mais aussi, et surtout, à la souffrance morale.

Pour ce qui est des maladies, le Bouddha ne s'éloigna guère de la médecine ayourvédique de son époque[250]. En revanche, en ce qui concerne les maux de l'esprit, l'Eveillé pointa trois grands responsables : la soif (plus précisément, la soif passionnée des plaisirs, la soif obsessionnelle de Soi et la soif de la non-existence), la haine et, enfin, l'ignorance du Non-Soi. En se rendant libre de ces trois poisons racines, on actualise alors le Nirvâna. Ainsi le Bouddha peut-il être regardé comme un médecin de l'esprit[251], son enseignement comme un antidote, les moyens adroits et les pratiques mis au point par lui comme la prise d'un remède et le Nirvâna comme la guérison finale.

La première des Quatre Vérités des Nobles, à savoir que douleur et souffrance constituent le fond même de toute existence, ressemble fort à un diagnostic. La seconde, qui soutient que cette douleur continue a pour racine les désirs mondains, a tout d'une étiologie. La troisième, qui stipule qu'il existe un état indépassable dénommé « *Nirvâna* », énonce que la santé peut être recouvrée. Enfin, la quatrième et dernière des Vérités, qui avance que la Voie menant à la cessation de la douleur et de la souffrance est le Noble Sentier à Huit Membres (vue juste, conception correcte née de l'étude et de la compréhension de la vraie nature des vivants, parole parfaite, manière d'agir irréprochable, moyens d'existence corrects, volonté inébranlable, attention sans faille et recueillement exemplaire) correspond à l'application du traitement.

Essentiellement pragmatique donc, l'Eveillé n'avait que faire des concepts et se méfiait grandement des spéculations

---

[250] Consulter, à ce propos, Sylvain MAZARAS, *Le bouddhisme et la médecine traditionnelle de l'Inde*, Ed. Springer Ver Lag, Coll. Médecines d'Asie : Savoirs et Pratiques, Paris, 2008.

[251] Lire, par exemple, *Le Sûtra du lotus blanc de la loi merveilleuse*, Trad. A. CHEDEL, Ed. Dervy-Livres, Coll. Mystiques et Religions, Paris, 1975, XV, pp. 85-86 ou encore *Le Noble Sanghata Soutra, Expression de la Doctrine*, Trad. C. CHARRIER, Les Editions Vajra Yogini, Marzens, 2007, pp. 86-87.

abstraites. A quoi bon, aimait-il à répéter, plonger « la corde de la pensée dans l'Impénétrable ». Incontestablement, le Bouddha était un penseur. A preuve, ses réflexions sur le temps et sur l'*anâtman*, le Non-Soi. Toutefois, si dans la majorité de "ses" sermons, il fit usage de « concepts » précis : *anitya*, le changement, *anâtma* ou *nairâtmya*, la non-personnalité, *pratitya-samoutpâda*, la causalité, etc. Autant de « concepts » empruntés à la tradition indienne qui était la sienne, plus précisément, à la tradition religieuse. Seulement, il s'agissait là davantage de « figures » que de concepts, une « figure » impliquant systématiquement, d'après Deleuze et Guattari, « quelque chose de vertical ou de transcendant »[252]. Certes, on ne saurait nier qu'il existe parfois de « troublantes affinités » entre figures et concepts. « Mais de telles correspondances, précisent les auteurs de *Qu'est-ce que la philosophie ?*, n'excluent pas une frontière ». Et cela parce qu' « Entre les figures et les concepts il y a une différence de nature »[253]. Pas question, par conséquent, de parler d'une « philosophie bouddhique», pas plus que d'une « philosophie juive » ou « islamique ».

Par ailleurs, si tel un philosophe, le Bouddha a problématisé le réel et s'est posé force questions à son sujet, son attitude face à ce dernier et sa façon de répondre aux questions le concernant n'avaient rien, on le verra par la suite, de philosophiques.

A cela s'ajoutent toutes les questions qualifiées, par la tradition, de « difficiles » à propos desquelles le Bouddha a toujours refusé de se prononcer.

Un jour, un moine interrogea le Bouddha sur un certain nombre de problèmes métaphysiques : « Le monde est-il éternel ? Non-éternel ? A la fois éternel et non-éternel ? Ni éternel ni non éternel ? Infini ? Fini ?, etc. ». A ses questions, le Maître lui répondit : « (…) est-ce que je vous ai jamais dit : 'Venez (…) pratiquez la Conduite pure sous ma direction et je vous expliquerai si l'univers est éternel ou non éternel, si

---

[252] *Op. cit.*, I, 4, p. 88.
[253] *Ibid.*, p. 89.

l'univers a une limite ou s'il est sans limite (…) ? C'est tout comme si (…), un homme ayant été blessé par une flèche fortement empoisonnée, ses amis et parents amenaient un médecin chirurgien, et que l'homme blessé dirait : "Je ne laisserai pas retirer cette flèche avant de savoir qui m'a blessé : si c'est un *ksatriya* (caste des guerriers), ou un brahmane (caste des prêtres), ou un *vaisya* (caste des producteurs), ou un *sudra* (caste des intouchables) ?' Puis il dirait : 'Je ne me laisserai pas retirer cette flèche avant de savoir qui m'a blessé : Quel est son nom ? Quelle est sa famille ?' Puis il dirait : 'Je ne me laisserai pas retirer cette flèche avant de savoir qui m'a blessé : s'il est grand, petit ou de taille moyenne.' Puis il dirait : 'Je ne me laisserai pas retirer cette flèche avant de savoir la couleur de l'homme qui m'a blessé : s'il est noir ou brun, ou de couleur d'or ?' Puis il dirait : 'Je ne me laisserai pas retirer cette flèche avant de savoir d'où vient cet homme qui m'a blessé : De quel village, ou de quelle ville, ou de quelle cité ?' Puis il dirait : 'Je ne me laisserai pas retirer cette flèche avant de savoir avec quelle sorte d'arc on a tiré sur moi : Etait-ce une arbalète ou un autre arc ? Puis il dirait : 'Je ne me laisserai pas retirer cette flèche avant de savoir quelle sorte de corde a été employée sur l'arc : Etait-elle en coton ou en roseau, en tendon, en chanvre ou en écorce ? Puis il dirait : 'Je ne me laisserai pas retirer cette flèche avant de savoir de quelle manière était faite la pointe de la flèche : Etait-elle en fer ou d'une autre matière ? Puis il dirait : 'Je ne me laisserai pas retirer cette flèche avant de savoir quelles plumes ont été employées pour la flèche : Etaient-ce des plumes de vautour, de héron, de paon ou d'un autre oiseau ? Puis il dirait : 'Je ne me laisserai pas retirer cette flèche avant de savoir avec quelle sorte de tendon la flèche a été enfermée : Avec des tendons de vache, ou de bœuf, ou de cerf, ou de singe ? Puis il dirait : 'Je ne me laisserai pas retirer cette flèche avant de savoir si c'était une flèche ordinaire ou une autre sorte de flèche ?' »[254].

---

[254] *Culamalunkya-Sutta* in *Sermons du Bouddha*, *op.cit.*, Ch. XII, pp. 114-115.

Aussi nuisible que la triple soif évoquée précédemment, la soif des idées ne mène à rien qui vaille. Les intellectuels ressemblent, *dixit* Bouddha, à des aveugles de naissance à qui on ferait toucher un éléphant et qui se disputeraient sans fin, chacun d'entre eux ayant sa propre idée de l'animal et étant convaincu de détenir la vérité[255]. D'où le rejet, maintes fois répété par l'Eveillé, des spéculations métaphysiques. La tradition bouddhique retiendra quatorze points volontairement non expliqués, soit quatorze questions auxquelles le Bouddha opposa une fin de non-recevoir et cela parce que ne prévalaient, à ses yeux, que les causes de la douleur et de la souffrance, leur cessation et le chemin qui y conduit[256]. A quoi bon s'embarrasser de questions non pertinentes car portant sur des problèmes dépourvus de sens défini ou bien encore de questions dont les éventuelles réponses ne nous permettront pas d'accéder au Bonheur ? Autant se demander quelle est la taille du fils d'une femme stérile, à quoi ressemble un habit en poils de tortue ou une pousse sortant d'une graine pourrie ?

Le *Bouddha-Dharma*, l'Enseignement du Bouddha, s'est toujours voulu dépourvu de vain bavardage. Ne comptait, pour le sage indien, que l'atteinte de l'Au-delà des peines. « (…) il existe avant tout la naissance, la vieillesse, la mort, le malheur, les lamentations, la douleur, la peine, la détresse (…). J'ai expliqué le *dukkha* (la douleur). J'ai expliqué la cessation du *dukkha*. J'ai expliqué le chemin qui conduit à la cessation du *dukkha* », s'exclame le Bouddha[257]. Pourquoi donc disputer avec le monde ? La vie humaine est trop courte pour que l'on perde son temps en de vaines palabres ! Se demander si le

---

[255] Cf. *Dîrgha-âgama, Lokaprajnaptisûtra* cité par A. BAREAU in *Bouddha*, Ed. Seghers, Coll. Philosophes de tous les temps, Paris, 1962, § 5, p. 130.

[256] Cf., à titre d'exemple, *L'Abhidharmakosa de Vasubandhu*, trad. L. de LA VALLEE POUSSIN, Bruxelles, Publication de l'Institut Belge des Hautes Etudes Chinoises, Coll. Mélanges chinois et bouddhiques, XVI, 1980, T. IV, § 21, p. 43.

[257] *Cûlamâlunkya-Sutta* in *Sermons du Bouddha, op. cit.*, Ch. XII, pp.115-117.

Monde et le moi sont éternels ou non-éternels, à la fois éternels et non-éternels, ni éternels ni non-éternels, finis ou infinis, finis et infinis à la fois, ni finis ni infinis ; si un Eveillé existe ou non après la mort, existe et n'existe pas, ne peut ni exister ni ne pas exister ; si le principe vital se confond ou non avec le corps ne mène à rien. Bien qu'omniscient, le Bouddha a donc refusé de discourir sur ce qui, d'après lui, n'en valait pas la peine.

Entendu ainsi, le Bouddhisme est une discipline pratique et uniquement pratique. Tout ce que le Bouddha a pu transmettre, lui le « montreur de la Voie »[258], est à expérimenter. Non seulement, il est des problèmes dits « réservés » que l'on se doit de laisser de côté, les fameuses quatorze questions restées sans réponse, mais il ne faut pas perdre de vue non plus que, ce dont l'Eveillé a bien voulu parler, se situe la plupart du temps au-delà des mots. Comment évoquer, par exemple, le Nirvâna alors que celui-ci se ramène, en un sens, au non-fonctionnement et de la pensée et du discours ? Là où il y a apaisement de l'esprit, il y a non-dire, tout comme d'ailleurs sur le plan de l'action, il y a non-agir ! Nombreux seront les textes bouddhiques à indiquer que tout ce dont le « Grand Silencieux » (sanscrit : *Mahâ Mouni*), a pu traiter échappe, au bout du compte, aux cheminements de la parole. Le Nirvâna, l'Eveil ou encore la nature ultime de l'esprit ne peuvent être cernés par l'intellect et, de ce fait, défient tout discours. Un écrit bien connu des Bouddhistes fait déclarer au Maître : « Depuis la nuit où j'ai actualisé l'Eveil jusqu'à ma mort, dans tout cet intervalle de temps, rien n'a été révélé par moi »[259]. De là à soutenir que l'Eveillé n'a divulgué aucune doctrine, nulle part, ni à personne, il n'y a qu'un pas, pas que franchira le Sage indien du Ier siècle

---

[258] *Ganakamoggallana-sutta* in *Sermons du Bouddha, op. cit.*, Ch. XIX, p. 200.
[259] *Saddharma Lankâvatâra Soutra*. Voir *Soûtra de l'entrée à Lanka*, Trad. P. CARRE, Ed. Fayard, Coll. Trésors du Bouddhisme, Paris, 2006.

Nâgârdjouna[260]. C'est qu'il n'est, d'un point de vue absolu, « aucune chose à enseigner ni aucun sens à exposer », « ni sagesse ni sottise », « ni vérité ni mensonge »[261]. Ainsi garder le silence devient-il signe même de Vérité[262].

Beaucoup, par la suite, l'oublieront, les pratiquants bouddhistes étant rarement d'accord entre eux sur l'interprétation à donner à tel ou tel propos du Maître, voire à tel ou tel silence. Apparaîtra alors une pensée spéculative bouddhique qui donnera lieu à maints développements divergents. A tel point que l'on pourrait appliquer au « Bouddhisme » ce que Victor Cousin affirmait au sujet de la pensée indienne en général, à savoir que « la philosophie indienne est tellement vaste que tous les systèmes philosophiques s'y rencontrent »[263].

Quel degré de réalité attribuer au monde extérieur ou au temps ? S'il n'y a pas de Soi, qu'est-ce qui passe d'une vie à une autre ? Quelle est la nature exacte du Nirvâna ? Que devient un Bouddha après sa mort ? Autant de sujets qui divisèrent les grands Maîtres bouddhistes. Par là s'explique que l'on trouve parmi les différentes écoles bouddhistes aussi bien des réalistes (les *Sarvastivadins*) que des nominalistes (les *Prajnaptivadins*), ou encore des idéalistes (les *Vijnanavadins*), soit autant de courants que l'on peut qualifier de « philosophiques ». Mais,

---

[260] Cf. *Madhyamakashastra, Traité du Milieu*, Trad. G. DRIESSENS, Ed. Seuil, Coll. Inédit-Sagesses, Paris, 1995, Ch. XXV, § 24, p. 243.

[261] *L'Enseignement de Vimalakirti (Vimalakîrtinirdesa), op. cit.*, Ch. XI, § 1, p. 358.

[262] Cf. *Le Traité de la Grande Vertu de Sagesse de Nâgârjuna (Mahâprajnâparamitâsâstra)*, Trad. E. LAMOTTE, T .I, Ed. Peeters, Coll. Publications de l'Institut orientaliste de Louvain, Louvain-la-Neuve, 1981, Ch. XIII, 109 c, p. 421.

[263] *Cours de l'histoire de la philosophie*, cité par R.-P. DROIT, *op. cit.*, Deuxième partie, Ch. 5, p. 124.

que l'on ne s'y trompe point, il s'agit là de prises de positions ultérieures au Bouddhisme primitif[264].

Indubitablement, des sages tels Nagardjouna, Bouddhapalita, Chantarakchita, Bhavaviveka ou Chandrakirti soutiennent des positions que l'on peut qualifier de « philosophiques ». Toutefois, ces sages restent, avant tout, des religieux.

A en croire la tradition, aussitôt après la disparition du Bouddha (VIe siècle avant notre ère), ses principaux disciples se réunirent en un concile afin de fixer, au moins oralement, les sermons du Maître ainsi que les règles de la discipline monastique. Lors d'un autre concile qui se tiendra trois siècles plus tard, sera arrêtée toute une série d'analyses et de

---

[264] Contrairement à ce que prétendent ces différentes écoles qui toutes se réclament du Bouddha. Voici, par exemple, ce qu'affirme un maître tibétain (GOMANG KHENSUR RINPOCHE in *L'Idéalisme et l'Ecole du Milieu, Introduction à deux systèmes de philosophie bouddhiques*, Trad. G. DRIESSENS en collaboration avec M. ZAREGRADSKY, Ed. Dharma, Boisset et Gaujac, 1989, p. 20) : « Tous ces systèmes ne constituent pas les fabrications intellectuelles d'individus plus ou moins parfaits, mais la parole même de l'Eveillé Shakyamuni. » Comment expliquer cela ? Tout simplement parce que le Bouddha « s'exprimait en conformité avec les dispositions et les facultés des disciples, présentant les pratiques de la philosophie convenant à chacun » (p. 24). Le message est clair : le Bouddha s'adaptant à son auditoire, ses enseignements prennent inévitablement de multiples visages. Les Tenants du Hinayâna s'en tiennent, pour leur part, aux leçons que le Bouddha aurait données de son vivant et que l'on trouve consignées dans les Soutras. Les membres des Mahâyâna, de leur côté, se rapportent aux exposés qu'aurait prétendument développés le Bouddha sur le Pic des Vautours à Radjagriha, la capitale du Magadha, en Inde. Quant aux Idéalistes et aux adeptes du Tantrisme, ils s'appuient sur de supposés enseignements que le Bouddha aurait conférés dans le Ciel de Touchita avant sa naissance sur terre et dans le Ciel d'Indra quatre ans après avoir découvert en lui la bouddhéité. A noter que seul le Bouddha Châkyamouni ainsi que le onzième et le dernier des mille Bouddhas de notre *kalpa*, soit de notre cycle cosmique, transmettront les enseignements propres au Tantrisme.

commentaires relatifs à l'interprétation qu'il convient de donner aux divers enseignements du Bouddha. Enfin, dans la seconde moitié du Ier siècle avant notre ère, on assistera, pour la première fois, à la rédaction en pâli, une langue issue du sanscrit, de l'ensemble des enseignements du Maître. Ainsi est née ce que les Bouddhistes désignent sous le nom de « Triple Corbeille ». Pourquoi « Triple Corbeille » ? Parce que ces textes auraient été rédigés sur des feuilles de palmes, puis rangés dans trois paniers différents : l'un pour les *Soutras*, les textes comprenant les dits du Bouddha, un autre pour le *Vinaya*, les textes regroupant les règles monastiques et, le dernier, pour l'*Abhidharma*, les textes contenant le sens véritable à conférer aux leçons du Bouddha. Or, c'est principalement ce dernier groupe de traités qui va poser problème et donner le jour à ce qu'on pourrait appeler, faute de mieux, une « théologie » bouddhique. Qu'il y ait à l'intérieur de cette « théologie » des éléments philosophiques, cela ne fait aucun doute. A condition cependant de préciser immédiatement qu'il en va de même pour toutes les autres formes de spiritualités. Outre la théologie chrétienne, n'y a-t-il pas une théologie mulsulmane qu'on l'appelle la « Connaissance majeure » (arabe : *Al Fiqh Al-Abkar*), la « Science de l'unicité de Dieu et de ses attributs » (*Ilm al-tawhîd wa al-sifât*), la « Discussion » (*Kalâm*), les « Sources-fondements de la religion » (*Usul al-dîn*), etc.[265] ? N'y a-t-il pas, pareillement, une théologie juive tournée vers l'examen rationnel de la Bible et de la loi juive ? Les *Yechivot* et autres « Maisons d'étude » ne sont-elles pas des lieux où l'on commente et interprète les textes légués par la tradition juive ?

Saint Thomas d'Aquin ou Gabriel Marcel, Averroès ou Allama Muhammad Iqbal, Maimonide ou Hermann Cohen n'ont-ils pas tous tenté de mettre la philosophie au service de leurs croyances ?

Chaque religion, quelle qu'elle soit, tente de proposer une étude approfondie des doctrines qui lui sont propres, ce qui

---

[265] Cf. Sabrina MERVIN, *Histoire de l'Islam. Doctrines et fondements*, Ed. Flammarion, Coll. Champs Université, Paris, 2000.

donne lieu, fréquemment, à des spéculations d'ordre philosophique. Ainsi existe-t-il une « théologie » bouddhique, à condition, bien sûr, que l'on ne limite pas le mot « théologie » à sa signification étymologique de « discours sur dieu ». Mais, cela ne fait pas pour autant du « Bouddhisme » une philosophie.

Quant au Bouddha, on ne saurait, à proprement parler, lui attribuer le nom de « philosophe ». Qu'il ait connu l'étonnement, qu'il ait posé force problèmes, qu'il ait cherché à saisir l'essence du Réel ne fait, on a pu le constater, aucun doute. Toutefois, les solutions qu'il a pu apporter relèvent davantage du religieux que du philosophique.

En s'arrêtant à la surface des choses, on pourrait aisément rapprocher le Bouddha de ceux, qu'à tort, on désigne par l'expression de « philosophes présocratiques ». « A tort », car c'est là faire de Socrate le « principe » même de la philosophie dans son ensemble. Ce qui est loin d'être évident et ressemble fort à un parti pris, voire à une injustice. On comprend alors que, plutôt que d'user du terme de « Présocratiques », Nietzsche ait préféré parler des « premiers maîtres de la philosophie »[266]. Chez ceux-ci, il n'y avait point d'opposition entre la pensée et l'être, la théorie et la pratique, la contemplation et l'action, le discours et la vie. La philosophie était, pour eux, une attitude concrète et non un simple savoir. En marche vers la Sagesse, tout philosophe s'adonnait alors à un incontestable travail sur soi à dessein de modifier son rapport au monde et à soi-même. En d'autres mots : la philosophie n'avait rien d'une démarche abstraite. Elle était même, pour paraphraser Pierre Hadot, un « exercice spirituel » de chaque instant et une « thérapeutique » censée procurer la paix de l'âme, et ce des premiers maîtres de la philosophie à ceux de la fin de l'Antiquité. L'Eglise catholique s'en souviendra, elle qui intégrera à ses pratiques bon nombre des exercices spirituels mis au point par les philosophes

---

[266] Voir, par exemple, *La Naissance de la philosophie à l'époque de la tragédie grecque*, Trad. G. BIANQUIS, Ed. Gallimard, N.R.F., Coll. Idées, I, II, Paris, 1974, p. 32.

grecs (attention à soi-même, examen de conscience, méditation de la mort...)[267].

« La sagesse, écrit P. Hadot, est considérée dans toute l'Antiquité comme un mode d'être, comme un état dans lequel l'homme est de manière radicalement différente des autres hommes, dans lequel il est une sorte de sur-homme. Si la philosophie est l'activité par laquelle le philosophe s'exerce à la sagesse, cet exercice consistera nécessairement non pas seulement à parler et à discourir d'une certaine manière, mais à être, agir et voir le monde d'une certaine manière. Si donc la philosophie n'est pas seulement un discours, mais un choix de vie, une option existentielle et un exercice vécu, c'est parce qu'elle est désir de la sagesse »[268].

Ce désir de sagesse se retrouve sans nul doute chez le Bouddha, lui qui, tels Thalès, Pythagore ou Démocrite pensa sa vie et vécut sa pensée. A ceci près toutefois, que loin de se considérer comme un simple « ami de la sagesse », le Bouddha se prétendait détenteur de cette dernière. En outre, bon nombre des thèses qu'il soutenait n'étaient pas rationnellement légitimées (*karma*, réincarnation, Nirvâna...) et demeuraient, bien souvent, extérieures à la raison. Et même si l'on peut trouver chez lui, et surtout chez ses successeurs, des prises de positions philosophiques, l'essentiel de ses propos restait néanmoins en deçà de l'argumentation philosophique.

Prenons, pour illustrer nos assertions, la loi du *karma* selon laquelle certains actes du présent produisent des fruits dans le futur. A partir de là, ceux « qui pratiquent le meurtre des êtres vivants ou propagent le meurtre des êtres vivants (...) ; s'ils renaissent parmi les humains, la durée de leur vie sera courte (...). S'il y a des êtres vivants qui s'emparent des biens d'autrui (...). S'ils renaissent parmi les humains, ils rencontreront

---

[267] Cf. « Exercices spirituels antiques et philosophie chrétienne » in *Exercices spirituels et philosophie antique*, Ed. Albin Michel, Coll. Bibliothèque de l'Evolution de l'Humanité, Paris, 2002, pp. 75-98.
[268] *Qu'est-ce que la philosophie antique ?*, Ed. Gallimard, Coll. Folio/Essais, Paris, 1995, Deuxième Partie, Ch. IX, p. 334.

toujours la pauvreté (...). S'il y a des êtres vivants qui se livrent à l'impudicité et à la débauche (...). S'ils renaissent parmi les humains, leur famille ne sera à leur égard ni fidèle ni sincère (...). S'il y a des êtres vivants qui mentent (...). S'ils renaissent parmi les humains, ils seront pour ceux-ci objet de mépris ; leur parole ne sera pas crue (...). S'il y a des êtres vivants qui parlent grossièrement (...). S'ils renaissent parmi les humains, ils seront détestables à leurs yeux »[269].

Tuez et votre vie à venir sera brève, volez et vous serez pauvre, trompez et on vous trompera, mentez et l'on ne vous croira pas, etc. Fruit du passé est donc le présent, fruit du présent sera notre futur. De chaque acte négatif découle inévitablement telle ou telle calamité qui n'en est que la juste rétribution, nos actes actuels déterminant immanquablement la teneur de nos expériences à venir. Il s'agit là d'une loi et non d'une décision divine, une loi naturelle au même titre que les lois de la physique[270]. Par cette loi, s'explique, et se justifie, la thèse réincarnationiste qui veut que les actes nuisibles conduisent systématiquement à des destinées pleines de douleurs et de souffrances (états infernaux, etc.) et les actes positifs à des destinées remplies de plaisirs (états paradisiaques, etc.). « Si un homme cultive pleinement et constamment une conduite, une mentalité, un comportement de chien (...), à la dissolution du corps, après la mort, il ira rejoindre les chiens. Ainsi je le dis, proclame le Bouddha, les hommes sont héritiers de leurs actes (...). Qui accomplit de sombres actes récoltera de sombres résultats ; et qui accomplit des actes lumineux récoltera de brillants résultats : les uns et les autres renaîtront dans des mondes qui correspondent à leurs actes »[271]. Même nos rêves, à en croire certains sages tibétains, seraient liés à des expériences renvoyant à nos vies passées. « Un rêve, écrit l'un d'entre eux,

---

[269] Texte cité par J. ERACLE, *op. cit.*, Ch. III, 2, pp. 65-66.
[270] Voir M. WIJAYARATNA, *op. cit.*, Ch. XV, p. 140.
[271] *Majhima Nikaya* in *Le Bouddhisme*, textes réunis, traduits et présentés par L. SILBURN, Paris, Ed. Fayard, Coll. Le trésor spirituel de l'humanité, 1977, Première partie, Ch. I, p. 47.

au cours duquel nous sommes dans un pays plein de feu peut indiquer que dans le passé nous étions nés en enfer (...). De même, si nus rêvons que nous volons dans le ciel, cela peut indiquer que dans une vie antérieure nous étions nés en tant qu'oiseaux »[272].

Seulement, cette prétendue loi est ici affirmée péremptoirement et non prouvée ou démontrée. A aucun moment, le Bouddha n'argumente. Aussi est-on très loin de la rationalité philosophique. La prétendue « vérité » qu'énonce le Bouddha est, de ce point de vue, une « vérité » religieuse vu que l'on se doit de l'accepter uniquement parce que c'est un Eveillé qui l'affirme.

Ses disciples et successeurs ne procéderont pas autrement. Voici, par exemple, ce que déclare un grand Maître du Bouddhisme tibétain : « Les renaissances sont (…) un fait et les rejeter est une vue fausse »[273].

Tout ceci nous pousse donc à conclure que, de philosophie, cette tradition vieille de deux mille cinq cent ans qu'est le Bouddhisme, ne saurait recevoir le nom. Mais, s'agit-il, pour autant, d'une religion ?

II/ *Le Bouddhisme est-il une religion ?*

Peut-on subsumer le Bouddhisme dans la catégorie « religion » ? La question n'est pas nouvelle. Déjà en 1912, E. Durkheim consacrait plusieurs paragraphes de son ouvrage sur *Les formes élémentaires de la vie religieuse* à la question de savoir si le Bouddhisme était ou non une religion.

Ce qui est indéniable, c'est qu'à première vue, il en a tous les signes extérieurs : textes, temples, monastères, autels, statues, peintures, rituels et offices, psalmodies de textes, culte

---

[272] Guéshé KELSANG GYATSO, *La Voie Joyeuse. La voie bouddhiste qui mène à l'illumination*. Ed. Tharpa, Paris, 2001, Première Partie, p. 201.
[273] GOMANG KHENSUR RINPOCHE, *op. cit.*, p. 19.

des reliques, pèlerinages, fêtes, etc. Pourtant, d'aucuns, tel J. Derrida, n'hésiteront pas à soutenir que « Le bouddhisme n'est certainement pas une religion », et que, d'ailleurs, cela « explique (…) quelque chose de son développement actuel (religion sans religion, contre-religion) »[274].

A dessein de vérifier cela, reprenons les différents éléments constitutifs du phénomène religieux mis en exergue par E. Durkheim et voyons si ceux-ci se retrouvent au sein du Bouddhisme.

Comme le mentionne le sociologue, le concept de religion se passe de celui de divinité. « (…) il existe de grandes religions, écrit-il, d'où l'idée de dieux et d'esprits est absente ». Puis, il ajoute aussitôt : « C'est le cas du bouddhisme. »[275]

Effectivement, en pays bouddhiste jamais de dieu(x) il n'y eut, pas plus, du coup, que de prophète, ni de parole révélée consignée dans des livres sacrés. Rien d'étonnant alors à ce que Schopenhauer ait proclamé que le Bouddhisme est une « religion athée »[276]. De son côté, J. Barthélemy Saint-Hilaire regrettera amèrement que le Bouddha prétende « expliquer le monde et l'homme en se passant de Dieu » ou encore qu'il « détrône Dieu pour lui substituer l'homme »[277].

Le Bouddha était un être humain. S'il est vrai qu'il dépassa en Sagesse la plupart de ses semblables, il n'en demeure pas moins que la Perfection intrinsèque qu'il éveilla en lui, est présente, ne serait-ce qu'à l'état germinal, en chacun d'entre

---

[274] J. DERRIDA, « *Surtout pas de journalistes !* » in *Cahier de l'Herne, Jacques Derrida*, Ed. de l'Herne, Paris, 2004, p. 43.
[275] *Op. cit.*, Livre 1, Ch. 1, II, p. 41.
[276] *Le Monde comme Volonté et comme Représentation*, Trad. A. BURDEAU, Presses Universitaires de France, Paris, 1978, Livre IV, § 68, p. 483. Nietzsche reprendra l'expression in *Œuvres complètes*, T. IV, *Aurore. Pensées sur les préjugés moraux. Fragments posthumes*. Début 1880-Printemps 1881, trad. J. HERVIER, Gallimard, N.R.F., Paris, 1970, 7 [111], p. 585. Puis, Renan in *Nouvelles Etudes d'histoire religieuse*, Paris, 1884, p. 374.
[277] *Op. cit.*, Introduction, p. VI. Voir aussi Ch. V, pp. 151-152, p. 154 et p.164.

nous. A n'en point douter, l'« Aîné des vivants », comme on l'appelait, parvint à aller jusqu'au bout de ce qu'un homme est capable en matière de Sagesse. Seulement, il n'en devint pas pour autant un dieu.

Le *Bouddha-Dharma*, la Loi ou l'Enseignement, du Bouddha[278] est libre de toute parole divine. Ce n'est que la doctrine d'un Homme qui, par ses propres moyens, a cherché la voie du Bonheur[279]. C'est pourquoi, les Bouddhistes ignorent foi –ou presque- et prière. Bouddha est mort depuis longtemps. En conséquence de quoi, il n'y a pas non plus de sacrifice, ni de rite propitiatoire au sein du Bouddhisme.

Pour ce qui est du sacré, point central et trait distinctif de toute vision religieuse du monde, Durkheim soutient qu'à défaut de dieu(x), le Bouddhisme « admet l'existence de choses sacrées, à savoir des quatre vérités saintes et des pratiques qui en dérivent »[280]. « Sans parler, ajoute Durkheim dans une note en bas de page, du sage, du saint qui pratiquent ces vérités et qui sont sacrés pour cette raison »[281].

Que les sages et les saints bouddhistes soient sacrés ne fait aucun doute. Songeons, par exemple, au respect que les Tibétains témoignent à Sa Sainteté le Dalaï-Lama, aux Rinpotchés[282] ainsi qu'aux moines et aux moniales. En revanche, on voit mal comment les Quatre Vérités des Nobles émises par le Bouddha pourraient être qualifiées de « sacrées ». Il faut se souvenir ici que, lorsque Siddhârtha Gaoutama présentifia la plénitude parfaite de l'Eveil, celui-ci obtint la

---

[278] En sanscrit védique, *dharma* signifiait « maintenance, statut », de *dhar*, « tenir » et, selon les cas « coutume, règle, usage ». A noter que l'on traduit parfois, de façon plus ou moins erronée, *dharma* par « religion ». Cf. E. BENVENISTE, *op. cit.*, Livre 2, Ch. 1, p. 101 et Livre 3, Ch. 7, p. 266.
[279] Même si parfois le Bouddha a été quelque peu déifié.
[280] *Op. cit.*, III, p. 51.
[281] *Ibid.*, note 1.
[282] Haut dignitaire du Bouddhisme tibétain. Signalons que les Tibétains désignent les maîtres par l'expression d'« amis sacrés ».

certitude que douleur et souffrance constituent le fond même de toute présence « non éveillée » au monde, qu'elles ont pour racine la soif (de plaisirs sexuels, d'existence et de non-existence), qu'il existe un état exempt de douleur et de souffrance (le Nirvâna) et que celui-ci peut-être atteint au moyen d'un certain nombre de pratiques précises.

Bien entendu, en tant que paroles du Bouddha ces Quatre Vérités sont admises par tous les Bouddhistes et, en un sens, respectées. Toutefois, on ne saurait dire qu'elles sont pour autant « sacrées ». Le *Bouddha-Dharma*, n'est qu'un radeau que l'on se doit d'abandonner une fois que l'on a atteint la rive du Nirvâna[283].

De son côté, R. Otto[284] soutient que le Nirvâna, en tant que « Béatitude inexprimable », est un élément fascinateur, un véritable exemple de *mysterium fascinans*. Mais, c'est là méconnaître la nature même du Nirvâna qui n'a rien à voir avec le sacré tel que l'envisage R. Otto.

En revanche, il y a bien du sacré au sein du Bouddhisme vu qu'il y a des interdits. En prenant, par exemple, les vœux du refuge, le pratiquant du Bouddhisme tibétain promet de regarder comme sacrée toute représentation du corps, de la parole et de l'esprit du Bouddha (statues, peintures, textes, stoupas, etc.). Ainsi lui sera-t-il interdit d'enjamber une statue du Bouddha ou un texte ou encore de contourner un *stoupa* par la gauche. Néanmoins, on est loin ici de l'admiration mêlée de crainte révérencieuse qu'éprouve ordinairement le dévot à l'égard du sacré. Tout Bouddhiste sérieux sait fort bien qu'une statue n'est qu'un ouvrage de sculpture. La preuve en est l'attitude de la plupart des Bouddhistes face à la destruction en 2001 des deux Bouddhas de Bâmiyân par le mollah afghan Mohhamad Omar. Bouddhistes qui, s'ils condamnèrent unanimement pareil geste, insistèrent tous sur le fait qu'il ne s'agissait là que de statues.

---

[283] Cf., par exemple, *L'Abhidharmakosa de Vasubandhu*, *op. cit.*, Ch. VIII, p. 186
[284] *Op. cit.*, Ch. 7, p. 67.

Enfin, et c'est là le point le plus important, pour ce qui est de la croyance en une Altérité absolue, cœur même du phénomène religieux, il faut bien admettre qu'il n'est point, pour les Bouddhistes, d'Autre immuable de la réalité ordinaire pas plus que de force surnaturelle.

Revenons au Nirvâna qu'évoquait R. Otto. Bon nombre de Bouddhistes – en fait, tous ceux qui se rattachent au Mahâyâna – affirment qu'il n'est point de réelle différence entre Nirvâna et *samsâra*. Seulement, aveugles à la nature véritable de l'esprit et en proie à la croyance en la réalité du « moi », la plupart d'entre nous ne perçoivent que le *samsâra*. Et pourtant, conscience éveillée et Nirvâna sont toujours déjà là. Aussi n'y a-t-il pas à renoncer au *samsâra* pour obtenir le Nirvâna. Il suffit, tout simplement, de laisser s'épanouir en nous les qualités de l'Eveil pour que la distinction *samsâra*/Nirvâna disparaisse.

En ce qui regarde la croyance, il n'existe pas, à proprement parler, un corps de croyances unifiées au sein du « Bouddhisme ». La multiplicité des écoles en témoigne. D'ailleurs, à chaque fois que la doctrine bouddhique s'est implantée quelque part, celle-ci s'est modifiée tout en conservant son soubassement doctrinal. Mieux : étant donné que tout change, il ne saurait y avoir de vérité définitive. Sa Sainteté le Dalaï-Lama, a lui-même affirmé, par exemple, à propos de l'avortement que « (...) si la science montre que les Ecritures se trompent, il faut changer les Ecritures »[285]. A noter, au passage, que le Bouddhisme n'est nullement une fin, mais un simple moyen, non pas un but en soi, mais juste un chemin.

En apparence donc, la Voie bouddhique semble sans *credo*. Les Maîtres, ou « Amis spirituels » ne sont là que pour conseiller et faire profiter ceux qu'ils guident de leur expérience. Déjà Bouddha, on l'a vu, interdisait à ses auditeurs de ne jamais rien accepter venant de lui sans l'avoir au préalable

---

[285] Sa Sainteté Le DALAÏ-LAMA et Jean-Claude CARRIERE, *La force du bouddhisme. Mieux vivre dans le monde d'aujourd'hui*, Ed. Robert Laffont, Coll. Aider la vie, Paris, 1994, p. 47.

profondément étudié. « Même si on a une foi forte en une chose, celle-ci peut être nulle et fausse. D'autre part, même si on n'a pas une foi forte en une chose, celle-ci peut être vraie, exacte et réelle », fait-on dire au Bouddha. Par où l'on constate que le Bouddhisme paraît bel et bien avoir ceci de particulier qu'il n'exigerait aucun acte de foi irrationnelle. Ne se fondant que sur la Raison, le Bouddhisme rejetterait toute espèce d'obéissance aveugle. Comme le rappelle Sa Sainteté le Dalaï-Lama : « (…) c'est un principe du bouddhisme que, pour tirer des conclusions, il faut procéder par logique »[286]. Rien de surprenant alors à ce Georg Grimm, un indianiste du début du XXe siècle, ait parlé à propos du Bouddhisme d'une « religion de logique ou de la raison ». Persuadé d'avoir rencontré là une véritable « religion de la connaissance », Grimm alla même jusqu'à qualifier le Bouddhisme de « philosophique », cela par opposition aux autres systèmes religieux qui (hormis le Védisme) reposent tous sur la foi et ne peuvent, par ce moyen, fonder sur des bases solides leurs prétentions à l'infaillibilité[287].

Toutefois, c'est oublier qu'il existe des dogmes au sein même du Bouddhisme. Celui de la réincarnation que nous venons d'évoquer précédemment. Ou encore, l'idée selon laquelle tout vivant possède en lui les qualités propres à l'Eveil et est donc un Bouddha sans le savoir. Voire, le présupposé qui consiste à affirmer que l'Homme est perfectible. Car enfin, il s'agit bien là d'un présupposé vu qu'aucune démonstration ou preuve ne permet, pour le moment, de justifier rationnellement semblable affirmation.

A propos des pratiques collectives, il ne faut pas perdre de vue qu'à l'intérieur du Bouddhisme, les efforts à fournir ne peuvent être qu'individuels et donc solitaires, même si l'ensemble de la Communauté n'hésite pas à soutenir chaque

---

[286] *Le Yoga de la Sagesse*, Trad. Danièle et Audouin SOUALLE, Ed. Presses du Châtelet, Paris, 1999, Ch. 4, p. 135.
[287] *La Religion du Bouddha : la Religion de la connaissance*, Ed. Adrien Maisonneuve, Librairie d'Amérique et d'Orient, Paris, 1944.

pratiquant. Sans doute, on se réunit bien parfois dans les temples, mais c'est, soit pour réciter ensemble des textes contenant les conseils du Bouddha, soit pour en entendre un commentaire fait par les moines ou les moniales. Les Bouddhistes, toute catégorie confondue, ignorent la prière. Et pour cause ! Bouddha est mort depuis longtemps. On le vénère, certes. Mais, on ne saurait le prier. Par ailleurs, s'il existait des entités divines, il est évident que l'on ne peut compter sur elles pour nous aider ! En conséquence de quoi, il n'y a pas non plus de sacrifice, ni de rite propitiatoire.

Côté Eglise, au sens d'institution spécialisée dans le sacré, telle l'Eglise catholique romaine mise en place par Paul de Tarse en s'inspirant de la structure hiérarchique de l'Empire romain, on ne peut que constater, dans le cas du Bouddhisme, l'absence de pareille institution. Nous l'avons déjà dit, le Bouddhisme est multiforme. Aussi n'y trouve-t-on point d'autorité centrale de référence. Chaque école a ses « chefs » et a son monachisme. Ce qui fait que les pratiquants ne sont guère encadrés par une organisation unique structurée. Loin d'être une Eglise unifiée avec à sa tête une haute autorité définissant et imposant une quelconque orthodoxie, le Bouddhisme apparaît comme un mouvement aux multiples courants, chaque courant formant une communauté. Telle ou telle communauté, il est vrai, sera dirigée par tel ou tel grand maître. C'est ainsi, par exemple, que Sa Sainteté Karmapa est responsable de l'école Kagyoupa du Bouddhisme tibétain aidé des quatre régents que sont leurs Eminences Shamar Rinpotché, Taï Sitou Rinpotché, Djamgon Kongtroul Rinpotché et Gochir Gyaltsab Rinpotché. N'en reste pas moins qu'il n'est point d'autorité supérieure chapotant l'ensemble des différents courants.

Côté Eglise bouddhique, au sens de communauté des fidèles, il faut bien admettre que les Bouddhistes des différentes Ecoles se connaissent très mal entre eux. Un pratiquant japonais de l'Amidisme ignorera quasiment tout, par exemple, du Bouddhisme Théravada, et *vice versa*, et cela parce qu'à moins de s'exporter, chaque Ecole reste liée à un territoire bien précis.

N'oublions pas qu'à la mort du Bouddha, un premier concile de cinq cents moines se réunit pour réciter les sermons du Maître, codifier les règles des moines et commenter la doctrine. Un second concile eut ensuite lieu cent ans plus tard pour discuter certains points de discipline. Puis, au IIIe siècle, avant notre ère, la communauté bouddhique se scinda en deux groupes : les Sthaviras ou Anciens et les Mahasanghikas qui critiquaient le statut de Saint, que les Anciens réservaient uniquement aux moines. Deux siècles après, de l'Ecole des Mahasanghikas naquit le Mahâyâna (« Grand Véhicule »), tandis que celle des Anciens devint le Hinâyâna (« Petit Véhicule ») lui-même composé de dix-huit écoles dont il ne reste plus aujourd'hui que le Théravada. Cette division entre Hinâyâna et Mahâyâna se retrouve marquée dans l'espace, le Hinâyâna correspondant au Bouddhisme méridional (Sri Lanka, Thaïlande, Laos, Myangmar, Cambodge) et le Mahâyâna à la Chine d'avant Mao, à la Corée, au Japon et au Vietnam.

Disons, pour faire simple, que les partisans du Bouddhisme Hinâyâna ont tendance à considérer que l'idéal bouddhiste passe par la voie monastique et qu'il revient à chacun de rechercher son salut personnel. Alors qu'à cet idéal de perfection personnelle, le Mahâyâna substitue un idéal nouveau tout emprunt d'altruisme, le pratiquant devant agir non pas pour lui, mais pour le bien des vivants.

Au IVe siècle de notre ère, le Mahâyâna engendra le Tantrisme ou « Véhicule de Diamant » qui proposa à ses adeptes des pratiques d'accès rapide à l'Éveil.

Revenons, à présent, à notre comparaison entre Bouddhisme et religion. Aucun équivalent du baptême chrétien n'est repérable au sein du Bouddhisme, pas plus que de l'excommunion catholique, du *herem* (« malédiction » en hébreu) juif ou de la *fatwa* islamique. Pour devenir Bouddhiste, il n'existe pas de cérémonie. Sauf en Occident, pour ceux qui veulent embrasser le Bouddhisme tibétain ou le Bouddhisme japonais Soto Zen, les Lamas ayant mis au point un petit rituel à cet effet. En fait, la principale cérémonie bouddhique est celle au cours de laquelle on prend les vœux de moine ou de nonne.

Par ailleurs, il faut savoir que quiconque souhaite rompre ces vœux le fait de lui-même, sans cérémonie aucune.

CONCLUSION

LE BOUDDHISME : UNE SPIRITUALITE RELIGIEUSE

Alors de quelle manière conclure ? Et que répondre à notre question de départ : Qu'est-ce que le Bouddhisme ? Une religion ? Une philosophie ? S'agit-il d'une religion philosophique ? D'une philosophie religieuse ? D'une religion athée ? D'une semi religion ? D'une semi philosophie ?

« Par sa nature hybride (…) », écrit F. Lenoir, le Bouddhisme est « à la fois philosophie et religion »[288]. J.-P. Osier ira, pour sa part, dans le même sens, tant il est vrai, pour lui, que la doctrine bouddhique « mérite les titres et de religion et de philosophie »[289].

La réponse est, à nos yeux, un peu facile, dans la mesure où elle semble, d'un revers de main, balayer le problème.

---

[288] *Op. cit.*, p. 49.
[289] Jean-Pierre OSIER, « Le bouddhisme, à la fois philosophie et religion » in *Religions et Histoire*, n° 8, mai-juin 2006, Dijon, pp. 63-67.

En fait, comme nous nous sommes appliqués à le montrer, le Bouddhisme n'est absolument pas une philosophie, même si l'on trouve en lui, au même titre que dans la plupart des religions, une dimension philosophique.

En revanche, il comporte un certain nombre d'éléments qui font que l'on peut parler, à son sujet, de « religion ». A ceci près qu'il s'agit d'une religion quelque peu singulière – du moins pour nous Occidentaux – voire déconcertante.

Certes, on pourrait considérer avec G. Bugault que « Le bouddhisme a ses origines n'est, à proprement parler, ni une religion ni une philosophie, mais une discipline psychosomatique comportant trois éléments : moralité (*sîla*), concentration (*samâdhi*), discernement intellectuel, *acies mentis* (*prajnâ*) »[290]. Seulement, « il est clair, que, comme le note A. Comte-Sponville, le bouddhisme historique, dans ses différents courants, est *devenu* une religion – avec ses temples, ses dogmes, ses rites, ses prières, ses objets sacrés ou prétendument surnaturels »[291].

Pour notre part, nous soutiendrons que :

> **Le Bouddhisme est une forme de spiritualité comportant analyses théoriques et pratiques méditatives, le tout visant à supprimer définitivement douleur tout autant que souffrance.**

Entendons-nous bien. Utiliser le mot « spiritualité » ne revient pas ici à, je cite le sociologue Camille Tarot : « sauver la structure en changeant (…) les contenus »[292]. Il est vrai que la distinction actuelle religion/spiritualité n'a rien d'anodin. Depuis les Lumières, notre société a eu fortement tendance à refouler le religieux. Aussi paraît-il beaucoup plus prudent,

---

[290] *Op. cit.*, Première partie, Ch. 1, 4.4, p. 43.
[291] *Op. cit.*, Ch. I, p. 16.
[292] *Op. cit.*, Première partie, 4, p. 193.

pour certains de nos contemporains, de parler de « spiritualité » plutôt que de « religion ». Indéniablement, « Le succès du mot spiritualité aujourd'hui est un vrai fait de société », la spiritualité venant « occuper la place positive, celle que les Lumières réservaient à la raison »[293].

Mais si nous usons, présentement, du terme de « spiritualité », c'est en son sens premier d'activité intérieure de l'esprit (*spiritus* en latin). Au départ, le nom « spiritualité » (du bas latin *spiritualitas*) et l'adjectif « spirituel » (du latin impérial *spiritualis* ou *spiritalis*) avaient bien une valeur exclusivement religieuse. Néanmoins, à compter du XVIe siècle, ces termes vont perdre leur valeur religieuse. Passant dans le domaine des sciences et de la philosophie, ils vont alors désigner, en chimie, ce qui a trait à la production des esprits organiques et, en philosophie, tout ce qui est relatif à la faculté de penser. A l'heure qu'il est, le sens philosophique semble avoir pris le dessus. Partant, on ne saurait considérer la spiritualité comme l'apanage exclusif du religieux. Car, qu'on le veuille ou non, il est désormais des spiritualités immanentes, des verticalités sans transcendance comme en témoigne, par exemple chez nous, en Occident, la Franc-Maçonnerie libérale.

Toutefois, pour ce qui est de l'enseignement du Bouddha, il est clair que celui-ci s'apparente davantage à une spiritualité religieuse qu'à une spiritualité laïque. D'aucuns, tel Sa Sainteté le XIVe Dalaï-Lama[294], présentent aujourd'hui le Bouddhisme comme une science, plus particulièrement, une « science de l'esprit ». Davantage science que philosophie serait donc la Voie du Bouddha. Seulement, encore faudrait-il savoir ce que l'on entend exactement par « science ». Mais c'est là le thème d'une autre recherche…

---

[293] *Ibid.*
[294] Sa Sainteté Le DALAÏ-LAMA et Jean-Claude CARRIERE, *La force du bouddhisme. Mieux vivre dans le monde d'aujourd'hui*, Ed. Robert Laffont, Coll. Aider la vie, Paris, 1994, Ch. 5, pp. 114-163.

Quoi qu'il en soit, le Bouddhisme est, et reste, une Voie de Vie à même de nous conduire à la Libération, soit au Bonheur définitif.

TABLE DES MATIERES

Introduction : *Quand le Bouddhisme paraît* .. 9

Chapitre I : *Qu'est-ce qu'une philosophie ?* .. 15

I/ *« Prendre les choses avec philosophie »* 15

II/ *Quelle est l'étymologie du mot « philosophie » ?* ... 16

III/ *Comment définir la philosophie ?* 18

A) *Quelle est l'origine de la philosophie ?* 19
1) Quelle est l'origine historique de la philosophie ? 19
2) Quelle est l'origine de la pensée ? 22
   a)   *Quelle est l'origine de l'étonnement ?* 25
   b)   *Quelle est l'origine de la conscience réflexive ?* 30
   c)   *Quelle est l'ennemie de la pensée ?* 32

B) *Qu'est-ce qu'un problème philosophique ?* 36
1) *Problème philosophique et obstacle* 36
2) *Problème philosophique et problème scientifique* 37
3) *Problème philosophique et problème technique* 38
4) *Quelle est la forme d'un problème philosophique ?* 39
5) *Quel est l'objet d'un problème philosophique ?* 39
6) *Quel est le problème philosophique par excellence ?* 41

C) *Qu'est-ce qu'un concept ?* 46

D) *L'Idée platonicienne : un exemple de concept* 51

E) *Qu'est-ce que la bêtise ?* 55

F) *Pourquoi philosopher ?* 58

Chapitre II : *Qu'est-ce qu'une religion ?* 61

I/ *Quelle est l'étymologie du mot « religion » ?* 61

II/ *Les deux formes de religions, selon Bergson* 65

III/ *Comment définir une religion ?* 66

IV/ *Quelle est l'essence du sacré ?* 70

V/ *Quelle est l'origine du sacré ?* 78

Chapitre III : *Qu'est-ce que le Bouddhisme ?* 89

I/ *Vous avez dit « Bouddhisme » ?* 89

II/ *Le Quadruple Sommaire* 91

A) *L'existence est changeante* 93

B) *L'existence est douleur et souffrance* 95

C) *Toute forme d'existence est impersonnelle* 97

D) *La Paix du Nirvâna* 104

E) *Comment détruire douleur physique et souffrance mentale ?* 106

Chapitre IV : *Où situer le Bouddhisme ?* 113

I/ *Le Bouddhisme est-il une philosophie ?* 113

II/ *Le Bouddhisme est-il une religion ?* 128

Conclusion : *Le Bouddhisme : une spiritualité religieuse* 137

Religions et Spiritualité
Collection dirigée par Richard Moreau

La collection *Religions et Spiritualité* rassemble divers types d'ouvrages : des études et des débats sur les grandes questions fondamentales qui se posent à l'homme, des biographies, des textes inédits ou des réimpressions de livres anciens ou méconnus.

La collection est ouverte à toutes les grandes religions et au dialogue inter-religieux.

Dernières parutions

Marie LUCIEN, *10 maîtres de vie dans la Bible*, 2010.
Georges BONDO, *Analogie de l'Avent. Transcendance de l'extériorité et critique anthropologique*, 2010.
André THAYSE, *Dieu caché et Réel voilé. L'une et l'autre Alliance*, 2010.
NGUYEN DANG TRUC, *Bouddha, un contemporain des Anciens Grecs*, 2010,
Philibert et Dominique SECRETAN, *Fêtes et raisons. Pages religieuses,* 2010.
Roger BENJAMIN, *Nature et avenir du christianisme*, 2009.
Philippe PENEAUD, *Le visage du Christ. Iconographie de la Croix*, 2009.
Philippe PENEAUD, *La personne du Christ. Le Dieu-homme*, 2009.
Geneviève SION-CHARVET, *Bible et Coran à l'école laïque*, 2009.
Edgard EL HAIBY, *Théologie et bioéthique chez Karl Rahner*, 2009.
Philippe LECLERCQ, *Le Christ autrement dit. Essai de théologie interreligieuse*, 2009.
Jacques RIBS, *L'Occident chrétien et la fin du mythe de Prométhée. La rupture fondatrice du monde moderne*, 2009.
Claude Henri VALLOTTON, *Suis-je encore croyant ? Un itinéraire spirituel*, 2009.

L'HARMATTAN, ITALIA
Via Degli Artisti 15 ; 10124 Torino

L'HARMATTAN HONGRIE
Könyvesbolt ; Kossuth L. u. 14-16
1053 Budapest

L'HARMATTAN BURKINA FASO
Rue 15.167 Route du Pô Patte d'oie
12 BP 226
Ouagadougou 12
(00226) 76 59 79 86

ESPACE L'HARMATTAN KINSHASA
Faculté des Sciences Sociales,
Politiques et Administratives
BP243, KIN XI ; Université de Kinshasa

L'HARMATTAN GUINÉE
Almamya Rue KA 028
En face du restaurant le cèdre
OKB agency BP 3470 Conakry
(00224) 60 20 85 08
harmattanguinee@yahoo.fr

L'HARMATTAN CÔTE D'IVOIRE
M. Etien N'dah Ahmon
Résidence Karl / cité des arts
Abidjan-Cocody 03 BP 1588 Abidjan 03
(00225) 05 77 87 31

L'HARMATTAN MAURITANIE
Espace El Kettab du livre francophone
N° 472 avenue Palais des Congrès
BP 316 Nouakchott
(00222) 63 25 980

L'HARMATTAN CAMEROUN
BP 11486
(00237) 458 67 00
(00237) 976 61 66

629216 - Novembre 2015
Achevé d'imprimer par